Easy Social

从容社交

高原 著

{ 有效的沟通法则 }

Easy Social

Rules of Effective Communication

江苏凤凰文艺出版社
JIANGSU PHOENIX LITERATURE AND ART PUBLISHING, LTD

图书在版编目（CIP）数据

从容社交：有效的沟通法则 / 高原著. -- 南京：江苏凤凰文艺出版社，2020.7
ISBN 978-7-5594-4883-5

Ⅰ. ①从… Ⅱ. ①高… Ⅲ. ①心理交往 – 通俗读物 Ⅳ. ① C912.11-49

中国版本图书馆 CIP 数据核字 (2020) 第 080321 号

从容社交：有效的沟通法则

高原 著

责任编辑 刘洲原

特约编辑 李梦黎

责任印制 刘巍

出版发行 江苏凤凰文艺出版社

南京市中央路 165 号，邮编：210009

网　址 http://www.jswenyi.com

印　刷 北京亚通印刷有限责任公司

开　本 680 毫米 × 960 毫米 1/16

印　张 14.5

字　数 110 千字

版　次 2020 年 7 月第 1 版　2020 年 7 月第 1 次印刷

书　号 ISBN 978-7-5594-4883-5

定　价 42.00 元

序　言

正是“孤独”，让你的社交更加从容

作为一种高智商的群居动物，朋友是人类社会永恒的话题。没有人能离开朋友，我们每个人都需要社交：结交更多、更好的朋友，不断扩大自己的交际圈，为生活和事业提供帮助。就像上海的一位企业家李先生对我说的，“朋友多了好办事，做生意也要看人际关系！”李先生是一家科技公司的老总，在推广公司新研发的一款 App 的过程中，他深刻认识到朋友的重要性，依靠自己多年积累的社交资源，非常成功地实现了公司的商业计划。

但与此同时，他也体会到了“社交过度”的危害。他说：“在我的通讯录中，至少有三分之二的人都是无效资源，牵扯了我很大的精力，深受其所累。我经常要拿出大量的时间和其他成本维持这些人际关系，似乎自己被忙碌的生活给绑架了。”

李先生在享受朋友资源“正回馈”的同时，也在承受朋友太多给他造成的麻烦。潜意识中他需要越来越多的朋友，因此生活和工作的重心都放在社交的拓展上了，在各行各业都结交了很多的朋友，和朋友们保持着密切的联系。但“负回馈”是他每周都要参加许多应酬，打电话，刷朋友圈，回短信、邮件，定期聚会等。用他的话讲，“到了一种‘疲于奔命’的境地”。

因此，他感觉非常有必要调整一下自己的社交计划了。李先生对我说，他必须痛下决心，与大部分的“朋友”断绝这种频繁的联系，分类和删减通讯录，只保留小部分“高质量的朋友”。否则他很难甩掉社交负重，也很难集中精力到日常的工作中。

2014年，我们在全球9座城市同时开展了一项名为“我和我的朋友们”的调查，其中有三个问题：

你现在有多少好朋友？

你认为自己目前缺少朋友吗？

你认为自己当前的社交过度吗？

6个月后我们整理了15万份有效答卷，将答案统一归纳到数据中心，再进行分析。我们看到，有86%的人认为自己的好朋友数量不超过4个，并觉得不管是在生活还是在工作中都缺少朋友，感到十分孤独。但又有72%的人经受着“社交过度”的困扰，认为自己在社交方面花费了太多的精力。人们缺少真正的朋友，频繁地参加社交活动，可又找不到朋友。没错，这是一个普遍的现实问题。

正因为如此，我们必须纠正陈旧的社交理念，放弃传统的社交思路——广撒网、以量取胜的社交战略害人不浅。随着互联网的普及，这种追求海量关系的社交战略更加泛滥了，我们必须从社交过度的恶性循环中自我解救出来。当你拿出太多的精力来过度地经营人际关系时，你会发现自己好像患上了“社交病”——为社交所累，忙于应付，疲惫不堪：

每天3个小时甚至更多的时间都在进行各种互动的社交行为，比如参加聚会、微信聊天、刷新微博、刷微信朋友圈等。

只要有空闲时间，就会不由自主地掏出手机，登录社交平台，看看有什么新消息，或者更新自己的状态。

如果没人可以说话或者聊天，几个小时甚至几分钟后就会感觉不舒服。

有人告诉我，如果让他12个小时不能去微信朋友圈看看，他就会疯掉。不，他连12分钟都忍受不了。但他很少关注有价值的内容，他的朋友圈中全是明星八卦、微商、购物以及无聊的闲谈。

一方面沉溺于各式各样的交际活动中，一方面又感觉孤独，这已经成为非常严重的社会问题。但对每个人来说，停止社交是不可能的，不看朋友圈、不参加朋友聚会更像是一种“酷刑”。不过，本书并不希望读者在意识到社交过度的危害后又走向另一个极端。分析自身的实际需求并制定理性的社交策略，建设高质量的朋友资源，以过上轻松自在的生活，这才是本书的主题。

为了生活，不得不“过度社交”？

像李先生那样以“功利思维”对待社交的案例是我近些年遇到

得最多的。不仅在中国，许多国外的成功人士也因为生活和工作的需要患上了“社交过度综合征”：既恐惧社交，又离不开社交。很多从事市场开发和营销的人都向我吐露过这种矛盾的心理。

旧金山一家公司的销售总监安德伍德说：“一个沉默的销售员注定被遗弃，所以想做好这份工作就必须成为社交场合的明星。你不停地散发名片，收到名片，用经过伪装的技巧向人们摇尾乞怜，换取各种社交红利。”

安德伍德今年不到 32 岁，他在销售总监的位置上已经待了两年，年收入 70 万美元。他每周休息三天，每年都花一个 30 天的长假带着全家去夏威夷或马来西亚旅游。但他仍然活得很累，社交的压力就像一座大山，让他每天都喘不过气来。他有 80% 的社交活动都背离了自己的本意，是迫于工作的需要不得不去取悦他人。因此他每个礼拜都拿出 40% 的时间去拜访不同的人，和电话簿上的每一位朋友保持固定的联系，举办家庭聚会招待他们——即便某些人的名字让他感到陌生。

如果不这么做，他会有“内疚感”，觉得会影响自己的工作业绩。朋友的数量竟然决定了他的事业前途？至少他是这么认为的。另外，他也为过度的社交活动付出了精神代价。有一段时间他在海外出差时，暂时和美国的朋友中断了联系，他就像渡过了一次被放逐的、痛苦的“牢狱之灾”。他说：“我突然发现自己被朋友抛弃了，不能在群体中有所贡献，不能让人们看到我，不能在脸书上看到他们的评论，我无比孤独，而这令人无法接受。”

被自己主动地过分拔高的社交需求就像一个愿者上钩的"圈套"，安德伍德这样的成功者也成了它的猎物。为了生存和发展，人们离不开社交，进而痴迷地使用各种社交工具，为自己编织了一张大网。但是，当你毫无节制地把大部分精力都耗费在上面时，社交就失去了它应有的价值。"社交致死"，它杀死的是你对生活和工作的自由支配权。

以自己为原点，进行"有效社交"

我的合伙人史密斯说："社交特别重要，每个人都要建设一个优质的社交圈，但应该以自己为原点，进行有效社交。根据自己的需求去划定社交的范围并保持它的实效性。"早在2009年，我们就开启了一系列课程，旨在向人们传达"有效社交"的理念。

我们也和斯坦福大学公开合作，邀请全球各领域的人士讲述他们在社交方面的心得，教会人们理性地对待社交。这个活动从洛杉矶开始，到去年年底为止，已经有300万人在我们的课程中受益，同时我们也收集了数量不小的案例。在本书中，你将有机会了解他们的故事，看到社交过度的困境，以及了解如何才能调整社交思路，去结交高质量的朋友，而不是让庞杂无序的社交耗费掉自己的生命。

如何进行"有效社交"？

a.对自己的社交活动，有一个明确的目标，而且可以遵循这个目标开展下去，安排合适的时间。

b. 完全自主地掌控时间，排除一切无关紧要的社交活动，主动而不是被动地开拓自己的人际资源。

c. 控制朋友的数量和聚会的频率，即便有益的社交活动，每周多于三次也会造成社交过度，消耗你的时间、金钱、精力甚至生命。

适当地脱离群体是必要的，享受“孤独”是一种极为可贵的品质。为自己创造一个“自由时空”进行独立思考，并完全按照你自己的意愿使用这段时间，你会看到自己的生活发生了改变；你会看到自己的社交状态是何等嘈杂；你也会从中突然发现——“我的朋友确实有点太多了！”在冷静的思考中清除障碍，明确方向，避免总是从他人那里获得存在感，然后按照本书的建议，你可以逐步厘清自己的社交资源，摆脱沉重的包袱，享受高质量的社交带来的幸福和愉悦。

1. 重新规划自己的社交策略

理性地分析你现在的“社交状态”，是过度还是不足？朋友太多还是太少了？在过去的几年中你有什么经验和教训，是否交到了一些值得终生维护的好朋友？或者你仍在艰难地寻找？为了让自己从过度的社交状态中摆脱出来，你应该重新规划并制定新的社交策略，把失去的时间夺回来，专注于自己真正重要的工作。

2. 学会自我克制并懂得“享受孤独”

如果你不能果断地关掉网络，放下手机，从群体的“社交狂欢”中脱离出来，你会发现“孤独”永远是“可耻”的。这是因为你不理解“孤独”，没有学会和自己相处——你认识了形形色色的朋友，但对自己却始终陌生。所以，你无法获得满足感和快乐。只有把自己放到一个没有打扰的时空中，你才能明白克制的意义。

在本书中，我们将会告诉你一些通过自我克制来清洁内心欲望的原则，有计划和有节制地结交朋友，学会成就别人的同时成就自己。“孤独”能够培育我们的自律精神，一个懂得“享受孤独”的人，他的生活会更自在从容。

目　录

第一章　为什么你的生活承载了太多搅扰？

◎ 我们都有“随时可能丧失价值”的忧虑

在加利福尼亚州的首府萨克拉门托，社交咨询专家塞勒尔有一间不足五十平方米的办公室，但他却是哈佛大学公开课的特邀顾问，为听众提供自己在社交方面的研究和观点。2013 年，他在公开课上有一些演讲，提到了人们对朋友最大的忧虑是“随时可能丧失的价值”。在他看来，多数人交朋友都是为了获得一些直接或潜在的回报——投资周期不能太长，如果没有回报，朋友还有用吗？塞勒尔说：“我相信绝大多数人——可能高达 90% 的人，会不由自主地思考这个问题并且降低这个朋友的优先级。”比如：

如果他没用处，我很可能半年不联络他一次。

我基本不会主动联络他。

瞧，多么赤裸裸的功利宣言！这是我们在咨询中经常听到的回答。没有其他听众，人们勇于说出心声。事实上，在说出来之后，有些人才为自己竟然有这种“羞愧的想法”感到惊讶——我竟是一个把朋友当作工具的人！

1. 你只想结识成功者？

我们所处的环境和现代信息社会某些特定的属性，注定让人们在生活和工作中的社交变得多元化，每天要和距离不一的、形形色色的人打交道，也使人们能够接触到更多的成功者。他们来自不同的行业，有些是你十分陌生但向往的领域。成功者可以在你成长的道路上给予帮助，他们通常都是各界的精英。从基因生存的角度来说，每个人都会本能地结交强者，因为与强者结成同盟，有利于提高自己的生存、发展和强大的机会。这是由基因、人性，而不是我们后天的意志力决定的。

很多人把人际关系作为成功的第一要素，例如："你朋友的质量决定你的人生高度。"人们把这句话奉为至理并身体力行。对中国人来说，成功的朋友是不可缺少的。有很多成功的朋友，就意味着自己也有更多的成功机会。在一个竞争激烈的社会中，人们有这种想法并不奇怪。

因此，强大的功利心态让我们小心翼翼地维护人际关系，害怕失去那些高质量的朋友。同时，在拓展自己的社交时，他们又秉持一种极为苛刻的原则：只结交那些有钱或已经在某些领域取得成功的人。

塞勒尔为我讲了一个真实的故事：在加利福尼亚州首府城市边缘角落的一个街区，住着一位才华横溢的 IT 奇才凯斯·汉默。他是市中心一家高科技公司的研发部门的骨干，每年拿着至少 70 万美元的年薪，有两个月的带薪假期，还能报销去国外旅游的费用。他是典型的成功人士。当然，他的社交圈也是。

在凯斯·汉默的社交名单上，所有联系人的年收入都不能低于100万美元。他的事业目标是坚定地向上走的。他对未来的规划就是成为全公司的第一个不是部门主管却能拿到百万年薪的人。作为一个有如此宏伟志向的人，他的朋友是不是也要提高一下档次？凯斯·汉默就是这么想的。也正基于此，他异常谨慎地打理着自己的社交圈。对于那些成功者，他不惜投入很多金钱和精力去结交、讨好他们：

他每周都邀请一些人去圣芭芭拉（加利福尼亚州西海岸著名的旅游城市）打高尔夫球。

他每天分别致电给朋友，主动询问对方有什么需要。

他通常会在早晚各打一次电话，彬彬有礼，体贴入微。

他在朋友面前从不生气，沟通中总会先反省自己的问题，以赢得人们的赞叹。

他精心地设计聚会的衣服、台词，甚至会提前编造一些故事来调节聚会的氛围。

他想尽一切办法让人们欣赏他，原因是自己需要他们。因为在他看来，不一定什么时候就需要这些朋友对自己施以援手。为了保证朋友圈的高质量，凯斯·汉默还会定期更新和重新评估所有联系人的信息——当他发现某些人陷入事业或生活的困顿，不再像以前那样成功时，他就会毫不犹豫地将其从朋友圈中删除。

塞勒尔评价说：“你如何对待别人，别人就会如何对待你。”没过多久，凯斯·汉默的“大名”在他的工作圈内人尽皆知。众多成功的朋友，并没有让他迅速提高自己在中产阶层的名气，也未能帮助他实现计划中的物质目标，反而让他“势利眼”的绰号传播得更快。当人们都发现他有强烈的交际功利心时，糟糕的结果不是显而易见的吗？凯斯·汉默的高尔夫球聚会迅速地解散了，很少有人再热情地响应他的邀请。

有人说，“人际关系是第一生产力，是一切事物发展、转移和运作的基础资源。”这是我在国内的一次社交讲堂上听到的观点，人们普遍将社交视为生活最重要的一个环节，但每个人在社交中的接受度是有限的——我们的大脑在既定时间内处理不了太多的信息。而且如果我们从互相利用的角度去开发人际关系，将自己的社交圈建筑成一座充满虚情假意的堡垒——这座堡垒不仅功利，而且会十分脆弱，它经不起丝毫的风吹雨打。

2. “非功利交友”的标准是什么？

我们都知道，人们在社交中总是需要遵守一些最基本的原则。例如：

第一，志同道合——有相同的志向和共同的兴趣。

第二，相似的价值观——大家有相似的价值观，也就是我们必须认同对方为人处世的原则和道德修养。

第三，非功利的目的——和对方来往不是为了获取名利、面子等利益，至少主要目的不是功利的。

问题是，人们在无限扩张的社交中已经扭曲了人际关系的真正内涵。他们追求的是功利交友，对于心灵层面的沟通不感兴趣。就像一个人在参加咨询时说的："与金钱为伍，我为何孤独？"他把人际关系建立在获取利益上，将交友视为捞取利益的途径。

所以在工作中，你会看到有的人"很会来事"，他们巴结上司，结交能力强的同事。在工作上面的表现很一般，做事也不踏实，但他使出了浑身解数来经营自己与领导的关系，对待客户和朋友，他也是用这种"谋人不谋事"的原则。他会说："朋友多了好办事。结交任何朋友，目的都是利益。"

功利的交友就是"谋人"，非功利的交友则是"谋事"。在两种目的之间，对待朋友的心态是完全不同的，"谋人"是出于自己的私心和私利，"谋事"则是希望与对方互相促进，共同进步。

那么，在社交中，我们怎样才能践行"非功利"的标准，抛弃那些出于本能及现实需要的功利心？

★建立积极思考的人生观：对任何事物，我们都要建立积极思考的好习惯，用正面的言行举止使自己成为带动别人的人，这能让你具有足够的人格魅力。

★释放社交正能量：永远不要在交往中让对方产生令人厌烦的感觉，不要带去消极能量。你如果不停地抱怨，计较得失，一定让人避之唯恐不及。

★用平常心结交成功者：尤其在和一些成功人士接触时，必须消除自己的功利心态，以平常心去接触。假如你总是想获得什么，你也会因此失去一些更重要的东西。

★向混得比你差的人虚心请教而不是高傲地炫耀：用谦虚的态度对待那些“不如你成功的人”，要放下自己所谓的高姿态，向他们虚心请教各类问题，而不是一边巴结成功者，一边又向不如你的人炫耀。社交场上喜欢炫耀的人通常都是功利的，他们的眼中只有世俗的名利，没有单纯的友情。

★不要过河拆桥：有些人过了河就拆桥，甚至见到对方不能帮助自己便翻脸无情。永远都别干这种事。当别人对你提供帮助时，即使他起到的作用非常微弱，没有多少实质性的帮助，也要真诚地说一句“谢谢”。这表明你待人的标准不是功利的。

3. 从“买人情”到“卖人情”

怀着功利心交友的人，他们十分重视“人情”。我在国内见到一位做市场工作的人，他朋友特别多，但他有一个缺点就是：不管是他帮助别人或者是别人帮助了他，“人情”都会记在他的一个小本子上。帮了别人，他会记得找回，让对方还回来；自己受了帮助，当然也会找机会还回去。

他对此颇感得意，说："我认为朋友就是人情，既要懂得'买人情'，也要善于'卖人情'。否则，我们交朋友的目的是什么？"

在功利心的主导下，他将朋友之间的互相帮助和人情来往视为理所当然。有来有往，这是"人情守恒定律"？如果你总是这么想，社交就会遇到大麻烦。

首先，别人找你帮忙时，你第一时间的想法不是"如何帮助他解决问题"，而是"他有没有能力回报我"。在这种念头的驱动下，人的选择就会呈现出嫌贫爱富的一面：只愿意借钱给"有钱人"。

其次，在需要别人的帮助时，如果对方的能力很强，地位很高，对你提供了巨大的帮助，你就会背上沉重的心理负担，因为有些人情是还不起的。对这种情况，塞勒尔评价说："不少人的事业发达于功利心，又衰落于功利心，靠与朋友的交易起家，又因失去朋友的信任而败亡。"既然是做交易，你早晚会失去朋友。

◎ 即便身处喧闹，内心依然有无所依托的孤独

有的人喜欢多交朋友，对添加社交联系人有着迫切的需求，动机其实很简单，他们是用朋友的数量来掩饰自己内心的孤独。这通常是人们羞于启齿的秘密，是我们的人格隐私。有多少人没有体会过无穷无尽的孤独感？即便身处的世界喧闹异常，灵魂依然有无所依托的凄惶之感。但对人性来说，孤独是一种负面性的元素，群体则是正大光明的依靠，这是由人的基因决定的。从基因传承的角度来看，孤独的个体必然会被淘汰，能够融入群体并且迅速适应环境的个体才能生存和繁衍下去。

人类和猴子在有些方面很相似，比如都是群居动物。猴子的群居生活也有一定的规律。例如，当一只猴王老了，年轻的新猴王就会崛起，两者激烈地竞争，最后的结果是老猴王落败，然后被赶出群体。当然，赶出群体的过程并不是和平的，而是群起而攻之。在新猴王的授意下，猴群集体发难，逼迫和驱赶老猴王赶紧离开。但是老猴王宁愿受辱，也不会离开这个群体，因为它明白，离开群体，等待它的就是死亡。在群体生活并被群体接受，才能证明它的存在是有价值的。

由此，我们可以得出一个结论——人们为什么疯狂地追求社会认同？为什么有时候宁愿放弃自己的个性，也要迎合这个社会，去融入人们的共性，遵循大众的规则？这正是由人类天生的属性所决定的：我们不能，也不愿意承受孤独，因此群体总是最终的归宿。

我们的一生会经历很多的事情，上学、毕业、工作、恋爱、结婚生子，还有金钱、权力和欲望，这些事情无疑都是群体社会的一部分，无时无刻不在影响着我们的思考和决定。有人问：“既然我们分分秒秒都在与群体打交道，为何还会害怕孤独？”这是因为，我们每个人都是在别人的认可中找到存在感，而且在群体的评判中找到自己的价值。

也就是说，无事可干的人未必就会孤独——那只是粗浅的无聊，做了很多事情却无人认可（就像那只老猴王），内心的孤独与恐惧才是最有毁灭性的。一旦我们的一举一动没有人关注，就像被放逐到了孤岛的罪犯，焦虑、不安、恐惧……这些由孤独造成的后果都有可能发生。

1. 朋友的认可决定你的自尊吗？

对群体尤其是亲近关系的认可需求，我称之为“自尊的一部分”。这是人们对自尊的依赖，但它是不稳定的——你的尊严取决于别人的肯定指数，而不是内心的强大程度。事实上，你的内心是脆弱的，自己做了什么，取得了什么成就，自己并不清楚，而是需要朋友的认可或称赞。

塞勒尔说：“越是对孤独有明显痛感的人，就越喜欢社交，他们穷尽一切办法，拿出所有的时间结交朋友。这样的人会出现在几乎所有的社交平台上，他们注册账号，然后每天把大部分精力用到向朋友介绍自己的想法、成果上。”

做这么多工作的目的只有一个：获取朋友的肯定，然后获得自我肯定和自我满足。

在人生的某一段时期，卡柏有过强烈的需要朋友认可的冲动，他提升自我、做好工作的所有动机，都不是为了让自己过得更好，而是让自己在朋友圈更有面子，因为成为一个“中心人物”的感觉是非常美好的，满足了我们从小到大始终埋藏在潜意识深层的一些欲望——我们都渴望被关注，活在其他人崇拜的眼光中。

毫无疑问，这是自尊的来源之一。后来，卡柏发现了一个严重的问题：“如果我白天做了一件成功的工作，但晚上没有时间向朋友炫耀，无法听到朋友的吹捧和赞美，我就完全体验不到工作的成就感，没有得意之情，甚至还会感到无比失落。这时我想，我是不是失去自我了？”

卡柏及时地反思，他意识到自尊必须可以独立地自我满足，承受一部分必要的孤独，而不是完全活在对群体、对朋友的依赖上。我们要有一个自我评判的标准，并不依靠别人对自己做出评价，便能获得足够的成就感。

你所做的一切，最终的结果都需要自己衡量，而不是朋友。这是我们从恐惧孤独到接受孤独的第一步，也是需要认清的第一个原则。

2. 必要的措施

在社交中，“不合群”确实是一种看起来非常可怕的现象——游离在群体之外的人是孤独的，人们如是认为。但事实真的如此吗？我们有时候需要改变的不是心态，而是头脑中的想法。当想法有所变化时，你会发现一切问题都迎刃而解。

★要试着去关注别人，而不是渴求关注

我们每个人都期望被朋友关注，被群体所接受，这是驱逐孤独的重要途径。但是要做到这一点，你必须先付出自己的关心，主动地关注别人。要把“索取关注”的社交动机转变为“付出关注”，帮助他们克服生活和工作中的困难。付出你的肯定，而不是总向朋友索求肯定。这样不仅可以得到朋友的尊重，也会给你带来更大的满足感，因为你付出的关注已经证明了你的价值，它表明你不是孤独的人。

★正确地认清自己，正确地评价自己

我们对自己认知的程度，决定着我们在社交中的选择，以及在群体和朋友面前的“精神体验”与“自我定位”。你对自己的认知越清晰，定位越理性，在社交中的表现就越得体——不是浮躁的，是沉静的；不是功利的，是淡然的；不是冲动的，是理智的。你和群体之间就能保持一种恰当的距离，因为你充分认清了自我，而且不依靠别人的评价和肯定活着。

★既要有基本的交际技能，又不使自己受别人情绪的影响

如果你经常在社交中失败——有被朋友轻视或在某个圈子中自感无足轻重的体验，慢慢积累起来的消极情绪将极大地影响到你的性格，这会让你判定自己的社交是非常失败的，朋友和圈子都没有接受你。

有人因此自卑——看来我是个小人物，大家都瞧不上我！

有人因此愤怒——你们凭什么看不起我？

有人因此孤独——我还是一个人默默地走开吧！

有人因此变得孤僻——我不想再交朋友了！

有人更加不合群——我很想融入圈子，但无计可施！

如何改变这种极端的状态？学习和提升交际的技能自然是一个必需的环节，比如通过高尔夫球、保龄球、聚会等沟通的工具加深互相的了解，提高人们对你的认可，获得朋友的肯定。但更重要的是，远离那些消极的情绪，把别人的感受、判断与一己之见屏蔽在外面，不要让他们的看法影响你的自我认知。

我们要告诉自己的是："我在很多场合都是很受欢迎的，而且不需要向某些特定的人证明自己。"这能减轻我们对朋友或圈子的依赖。

★保持自己人格的完整，别活在他人的影子中

不论是生活中的待人接物还是工作中的商务交际，都应该把自己的原则和态度明确地表达出来，要让别人清楚地知道你是一个什么样的人，并且划定一条界线。在社交中，每个人都要用这种方式保持自己的人格完整性——你不会活在别人的影子里，而是有自己独立的世界；你不会因为别人的评价产生情绪上的波动，也不会总是渴望得到朋友的关注。

★别再想自己“合不合群”的问题，而是通过沟通提升自己

学会转换定义。还在考虑自己合不合群吗？从今天起，换一个角度思考这个问题：“我通过群体去提升自己，而不是依赖群体证明自己。”我们与别人相互的了解、沟通成就了健康的人际关系，是否合群并不重要，关键是我们从朋友的身上学到了什么。

◎ “格式化的大脑袋”让我们产生了依赖心理

罗宾是个没有主见的胖子，人们称他为“格式化的大脑袋”，因为他的口头禅是：“谁帮我拿个主意？”从3年前起，他就在公司的后勤部门承担着重要的职责——为公司的培训部和传媒部提供一切后勤支持，这是一个跨界的工作，对执行力的要求极高。

显然，罗宾就是一个具有强大执行力的人。但他的缺点也很明显：没有自主决定的意识。在工作中，他需要得到明确的指示才能行动（他能执行得非常到位）；在生活中，他总是盼望有人能够站出来对他提供指点，然后他“依计行事”，才能打点好自己的私事。

他自嘲说：“我一天都离不开朋友，正如我工作中每分钟都离不开上司和同事。”罗宾还没有结婚，他连女朋友都没有，因为他的依赖症已经严重到了“选择什么样的女人共度此生”都需要朋友提供建议的程度。

有一次，他准备到好莱坞附近的咖啡馆约会，那个女孩非常漂亮，在一家制片公司工作。同事鼓励他：“你还犹豫什么？”罗宾不停地问：“她真的可以吗？我有些拿不定主意。”半小时后，他竟然给我打来电话，“老板，您有时间吗？”

我已经从助理口中听到了这件事，因此严肃地回答：“不，我一秒钟时间都没有。罗宾，你去卫生间关上门，自己做一个决定。”

后来的消息是，罗宾再一次向自己的依赖心理妥协。出发之前，他给很多朋友打了电话，听取他们的意见。最后他当然去赴约了，两个人都给对方留下了很不错的第一印象。但我们知道，他的恋爱很难成功，因为他或许会染上“女友依赖症”。

像罗宾这样的人还有很多，他们无比地重视朋友，是因为自己在心理和行为上都对朋友有依赖的行为。朋友是他的精神支柱，同时还是他的字典、选择判断的渠道、大百科全书和常识的来源。如果他的身边有第二个人存在的时候，他将永远仰仗这个人去做选择，而他则成为那一个享受成果的人。他会盲目地以为朋友能够帮助他解决一切问题，因此失去朋友的后果是极为严重的，也是他不能接受的。

1. 溺爱后遗症

在罗宾的案例中，我发现和其他人的情况一样，他们都具有某些共同的特点：

a. 他们在童年和少年时代或多或少都有被父母、长辈溺爱的经历，习惯了由亲朋好友替自己做主。

b. 他们不是没有主见，而是总想听一听别人的建议，特别是朋友、同事或上司的意见，对他有很强的影响力。

c. 他们思考和解决问题时形成了强烈的依赖习惯，如果没有人给出建议，就很难采取及时的行动。

这是溺爱后遗症，它在我们很小的时候就开始起作用，直到成人后渗透到人际关系的行为模式中。在幼年时期，儿童离开父母就不能生存，父母是万能的，是我们的保护神。但如果父母或长辈过度地溺爱，鼓励或放纵了子女的依赖心理，不让他们有长大和自立的机会，时间久了，子女的心中就会产生更强的依赖，长大以后，对陌生的事物缺乏自信心，总想依靠别人来做出决定。

加利福尼亚州大学的心理教授凯斯曼对“依赖心理”有近三十年的研究，他对人们在社交中的“朋友依赖”现象尤其感兴趣。“问题的根源可能不在昨天或一年前，而是在20年前。”他说，“当一个人读小学、中学时，他是否是一种习惯于依赖他人的性格，就已经定型了。”这样的人终生都负担不起独立判断和选择的任务。对他们而言，必须依傍强者才有安全感。

2. 心安理得的坏习惯

凯斯曼认为，最坏的情况不是我们依赖于朋友，而是将之视作理所当然。“有些人觉得朋友帮助他是理所应当的义务，而他可以心安理得地接受这些出于友情的馈赠。朋友帮他出主意，朋友帮他查资料，朋友帮他订机票，朋友帮他筹集资金……朋友在打理他的一切，离开朋友他就不能活。那么，他的‘自我’去哪儿了？”如果我们的社交是为了交出生活的自主权，社交的意义何在?

由于对朋友的依靠是心安理得的，你对朋友的要求就会变本加厉，不能容忍朋友犯一点错误。与此同时，你在社交中也没有安全感：“没有朋友，我可能会死！”这是相当一部分人的真实想法，他们拼命地参加聚会，线上聊天，出没于圈子之中，搞好社交比做好工作还重要，这一切的目的只是巩固依赖。

◎ 缺乏个人存在感，所以渴望得到他人肯定

北京女孩妞妞在邮件中说，朋友都很关心她，但她的社交关系相当紧张，因为如果一件事没有人说“好”或点赞，她内心便惶惶不可终日，就像这件事情白做了。有时候，她会在半夜打电话给闺密，原因是她刚发了一条微博或朋友圈的消息，希望引起对方的注意。

谈到社交的动机，妞妞的理由十分简单：获取关注，并找到自己的存在感。“我希望有许多好朋友，不管他们是做什么工作的，我对朋友的要求只有一个：多和我聊天，了解我的心事，给我点赞。”“点赞”是她在社交平台说得最多的话。

在沟通中我看到，妞妞用很多方式讨好朋友，并不是为了从他们那里获取什么实质的物质利益——她自己有不错的工作和收入，对名利不感兴趣，但她希望朋友能够肯定她，让她觉得有面子。

1. 活给别人看

凯斯曼说：“越在意什么，就越缺乏什么。有些人活得很精彩，却是活给别人看的，他们缺乏关注和肯定，因此交友的动机仅是得到这些东西，别无他图。”

“活给别人看，你理解这句话吗？”在“我和我的朋友们”的活动中，我们向受访者提出了这个问题，得到了热烈的响应，不少人都阐述了自己的心声——他们在过去的某个人生时段，都有过这种从别人那里获取肯定的经历。因为有这种从外部寻求肯定的心理

需求，他们也格外地重视社交，朋友在他们心中有相当重要的地位。

将朋友视为“自身存在感”来源的根本原因，是他内心的不自信。对于自己的所作所为，他的定位模糊，规划缺失，同时即便获得了朋友的一些认可，在某个人际圈中受到了人们的肯定，他仍然体验不到真正的快乐。

2. 补偿心理

在心理学领域，有一个名词叫“补偿心理”：我想吸引他人的关注，则会主动去关注他。为了从朋友的肯定中得到更强的存在感，人们就会表现出更强的主动社交的行为，加强自己的各种交际行动，尽可能地让朋友关注自己。

过去一年来，妞妞的行为表现完全符合这一心理。她报名参加了六七家社交俱乐部，有骑马社团、英语社团和登山客俱乐部等社交聚会组织。她希望在这些组织中交到更多的朋友，增进了解，展示自己。

由补偿心理导致的“社交过度”现象非常之普遍，以至于心理学家都开始集体关注这个问题。越想得到关注，我们就越离不开朋友；越是离不开朋友，我们的社交就越失控，最终既体验不到友情的珍贵，也享受不到社交的乐趣。

所以，妞妞很累。她说：“我渴望从交际中体会到与朋友互动的快乐，从朋友的肯定中发现自身的价值，但这么做似乎并不成功，我的价值在什么地方？”她的关注点是向外释放的，而不是对着自己的内心。

我对她的建议是——不要再从外界的认可中发现自我价值，而应自己去做一次客观、真实的评价：

我是什么样的人？

我现在从事什么样的工作？

我有没有能力做好这些工作？

我有没有能力经营好自己的生活？

我离开朋友就不能活吗？

我是否愿意下定决心，享受一段自己一个人的时光，比如一个人的旅行、一个人的宅居？

我把这6个问题通过邮件发给了妞妞。要她自己做一次认真的询问和回答，答案必须是唯一的、肯定的，不能存在丝毫的犹疑。我让妞妞每天早晨起来都拿出6分钟进行一次问答——如果用6分钟就能体会到自我的存在而不是通过朋友，我们每个人都有必要借鉴这个方法。人作为社会性的动物，本身就有寻求群体认可的特质。但过度强化与扩张的补偿心理，却很容易让我们失去自我在社交中的独立性，变得完全被社交行为所掌控。因此，必须战胜和控制补偿心理，才能冷静地保持与朋友的距离。

◎ 不懂拒绝的结果是成全了别人、委屈了自己

我们几乎每周都能遇到参加社交的机会，收到聚会的邀请，拒绝这种邀请总是一件困难的事情。对此，钱伯斯说："为什么不好意思拒绝？因为这关乎朋友对我们的看法。聚会就像一个友情的考验，你是我们的人吗？如果是，你就不要拒绝。这是无形的压力。"

去年，我们随机向全球排名前十的大学的1000名学生发放了一张问卷，调查社交应酬的相关问题。有29%的受访者的社交聚会达到了每周两次以上，有63%的受访者每月至少三次。在所有的受访者中，有42%的人在社交应酬方面的开支占生活费的比例超过了30%。这是一组惊人的数据，但多数人表示应酬都不是自愿的，他们其实并不喜欢到处参加社交活动，接受朋友的邀请去吃饭、唱歌等活动。但同时每次都热情地参与，这是因为他们没有拒绝的勇气。

小齐是上海一所高校的大三学生。她说，自己从进大学的第一天起，就加入了多个名目不一的社团与学生组织，课余生活十分充实，尤其是每月都有非常多的聚餐，就像赶场子一样，每个周末几乎都没有私人时间，全部是不同的组织、社团的不定期聚会，和不同的人接触，留下联系方式，或者加深感情。

她苦恼地说："其实我不想去，加入社团的目的就是应酬吗？我认为不应该这样，但如果拒绝，后果是显而易见的，将来我再难收到社团的邀请，他们也会疏远我。"在她看来，有的聚会是必要

的，但有的则理由牵强。大学早就与社会接轨，社交的风气十分浓重。平时，好朋友也经常请她出去吃饭、唱歌，或看电影，她每次都不好意思说“不”，因为既怕伤了朋友的感情，又怕自己在朋友心中留下负面的印象。

1. 你有多长时间没做过拒绝的决定了？

为什么不能果断地拒绝没有意义的社交邀请？

为什么明明不想把时间浪费在无谓的应酬活动中，却仍然硬着头皮参加？

就职于北京一家公司的赵先生认为自己不是那种喜欢活跃在各大聚会中的积极分子，相较于下班后就四处参加朋友聚会和泡在社交圈子里结交人际关系，他宁愿早点回家睡觉。但这只是梦想，尽管他的心中一直在念叨着要抵御这些邀请，但实际上总是推辞不掉。选择去参加这些聚会，赵先生的理由有两个：

第一，都是好朋友，朋友请我是看得起我，我怎么好意思拒绝？

第二，多认识一些人总是有好处的，可以为今后积累人际关系资源。

出于这样的心理，赵先生在社交中充当着一种双面人的角色，他很头疼，可他并没有勇气去改变。

想一想，你有多长时间没对朋友的社交邀请说一声“不”了？拒绝不是逃避，也不是偷懒，更不是对朋友的不敬。拒绝既是对自己的真实想法负责，也是对别人的诚意负责。有时候，适当的拒绝不仅能起到积极正面的作用，而且还能帮助你将烦恼及早地扼杀在摇篮里。我们不是超人，不可能让每个人都满意。但我们能遵从自己的内心。

2. 面子让我们负重而行

大部分人不好意思拒绝没必要的社交活动，是为照顾到双方的面子。就像在深圳上班的贺先生，他是北方人，每当春节回家时，由于亲朋好友一年未见，他的档期总是排得满满的，除了大年三十当天可以与父母团聚外，他几乎每天都要在外“应酬”，电话响个不停，全是想和他见一面的邀请。

贺先生很不情愿，但又有些无奈：“不去太伤面子。”沉重的面子让他被社交绑架。由于不好意思拒绝对方，自己丧失了对生活的掌控权，因此，各种各样的烦恼接踵而来。“面子”成了一个很现实的问题，它让我们在社交场上负重而行，很难做出完全符合内心想法的决定。

◎ 朋友多的确“倍儿有面”，但你担负得起吗？

孟先生是一个喜欢炫耀朋友的人。对他而言，朋友就是一件漂亮的衣服。特别是交几个有实力的朋友，会让他觉得自己“倍有面子”。所以，孟先生对社交充满了热情，每个周末都有固定的社交聚会。虽然他的工作和收入在北京只能算是中等偏下，不足一万元的月薪勉强能让他支付房贷和一些必要的开支，但他仍然参加了四五个能够接触到高端人士的社交俱乐部，为此每年要交不少钱。

“这很值得。”孟先生说，“我能在这里认识许多高层次的人，和他们产生交集。我见到了世面，也丰富了自己的人生。”

问题就这么简单吗？有一次孟先生看到新闻报道中出现了自己一位社交联络人的名字，非常得意地对同事说：“我上周刚和他一起吃过饭，就在某地。”同事震惊的表情让他的内心感到极大的满足。交到高质量的朋友成了他满足虚荣心的工具，也是向自己亲近的人炫耀的“资本”。

1．“朋友”成为攀比的工具

在自卑的人眼中，朋友就像是一件档次不一、有高有低的商品。孟先生的行为本质上便是出于一种隐匿的自卑心理，通过进入高层次的社交圈，塑造一种“我很优秀”的虚幻感和外在形象。在他的炫耀行为中，“我和某某一起吃饭”“我和某某认识很久了”等言论频繁地出现。听者表示惊讶时，他便心情愉快；如果听者漠然置之，他就会很失落。

我们发现，越自卑的人就越自恋和虚荣，喜欢用攀比来证明自己，喜欢用炫耀来打击别人。社交在这里被扭曲了，味道变得不正常。他们拼命结交朋友并努力维持优质朋友，是为了压过别人。所以，这样的人在聊天中会经常告诉人们自己认识某些有本领的人——用这种方式获得满足。

从心理学上看，一个人越嫉妒就越炫耀。比如，买了个贵一点的东西秒发朋友圈，一刻不能耽搁；搭朋友的顺风车，一上车就要拿出手机自拍一下，传到社交平台；一有新款手机出来了就马上买，借钱也要买；平时喜欢买一堆档次高但对自己没用的东西，摆拍起来发到网上，或者邀请朋友到家聚会时，有意无意地将这些东西布置到朋友能一眼看到的地方。他们将自己装扮成高等人，超级虚荣和骄傲。

这些举动都是和炫耀朋友的行为一同出现的。采访中我发现，在靠朋友赢面子的人中，有78%的人同时有喜欢炫耀式购物的习惯。他们的朋友圈大部分内容都与此有关，还会在出入高端场所时用互联网进行定位，让自己的朋友看见。当然，他们也会频频发布自己与某明星或刚认识的其他知名人士的合照——虽然对方根本不知道他是谁——在照片下写上几百字的感慨。

所有的行为都在表述内心的一句话：我和你们不一样。

2. 虚荣心正让社交失去原有的快乐

“你的朋友很多，但是快乐吗？”

面对这个问题，许多人是沉默的，他们不知如何回答。孟先生在交流中极力回避快乐这个词语，他提到最多的是“成就感”——交朋友，特别是交高层次的朋友让他富有“成就感”。这是相比较而言的，因为在梳理孟先生的社交圈时，我发现，他似乎同时在两种不同的圈子里游走，拥有两个看起来完全不可能产生交集的社交圈。

第一个圈子是他的工作和生活圈，有亲人、同事和大部分朋友。这个圈子我们都熟悉，人们多数是工薪阶层，年收入在 7 万到 20 万之间，有人混得差一点，有人混得好一点。但没关系，大家都是一个阶层的，差距并不大，平时的交流也比较频繁。

第二个圈子是他的“娱乐圈”，主要集中于周末的社交俱乐部，在打高尔夫球、骑马等娱乐活动中，他认识了一些人。这些人有企业家、大学教授、文化名人及其他成功人士。他们是上流社会的成员，是富人阶层，年收入均不低于一百万。孟先生努力维系着和他们的“一面之缘”，一起打球、拍照、聊天，并留下视频和文字记录。

可见，第一个圈子是孟先生的根据地。这是他终生都难以离开的根本，有他最亲近的人，但他却把三分之二的社交资源投入到了第二个圈子中，不计成本地拼命结交那些其实并不在乎他的高端人士，来满足自己无法遏止的虚荣心。亲朋好友都高看他一眼，觉得他很有本事：“你看，小孟认识那么多大人物。”他总是得意地一笑，内心无比地满足。

在这个过程中，他获得了巨大的“成就感”，但失去了交友的快乐。他和这些朋友没有真诚的交流，但又害怕失去他们。社交在他身上变成了一张越勒越紧的大网，每天都制造着令人窒息的压力。就像一位借钱不成又贷款去买苹果手机的学生描述的心情：

这个东西并不是我一定要有的，我知道。但我必须买，否则别人会瞧不起我。

第二章　甩掉负重，社交才能更从容

◎ 远离会拖累你生活的几种人

不孝：连父母都不爱，又怎会爱朋友？

“人际伤害拒止小组”是我和钱伯斯近年来共同组织的活动，参与者众多。不久前，我们联合国内的一些大学和机构，开始邀请18～30周岁的年轻人加入进来，分享他们的故事，共同探讨怎样才能拥有健康的人际关系，并从交友的过程中受益。这个活动的目标非常简单，就是调查、分析并且提醒我们防止受到经过伪装的“坏关系”的伤害。

顾名思义，“坏关系”就是那些我们应该警惕并远离的人，却阴错阳差地成了我们生命中的朋友，与我们产生了很深的联系，并最终传递给我们负能量，对我们的生活造成伤害。我们经常听到有人愤愤不平地说：“我看错了那个家伙！”他为认识某个人而后悔，那就是典型的“坏关系”。

广州的代先生大学毕业4年了，现在在当地一家科技公司上班，职位是开发部门的经理。他收入很高，有车有房，因此是朋友圈中的红人，许多人介绍新朋友给他。在社交方面，他是成功人士。但他交到了一个“对父母不孝”的朋友，这个人营造的假象成功蒙骗了他的双眼和头脑，给他的朋友观带来了不小的打击。

代先生说："他的家庭情况我是不太了解的，因为只认识了半年。我没见过他的父母，也很少听他讲自己的家庭故事。我们聊得很好，成了好朋友。不久前，他找我帮他开工作证明，理由是买房子要申请贷款。没有工作证明，银行很难贷款给他。我心想，这个人平时还是很不错的，就请公司的管理人员盖章，开了一张证明给他。后来我才发现，他拿这个证明申请贷款不是买房子，而是做生意。"

这次事件虽然没有给代先生的公司带来损失，却让他非常失望。他开始反思自己到底要交什么样的朋友。我的回答是："先想一想，有哪些人是不能当作朋友的！"总有一些人，我们必须把他关闭在朋友圈的大门之外，不要让他拖累你原本自在快乐的生活。排在第一位的，就是那些"不孝之人"。有些人固然在社会上取得了成功，事业上赚了很多钱，但他只顾自己花天酒地，对父母却不理、不问、不看，这样的人是最可怕的。你和他交了朋友，不仅影响自己的名声，而且他说不定什么时候就会利用你、欺骗你。

可以这么说：一个不孝的人，本质上就是"一只禽兽"。他可以抛弃父母，就一定会抛弃朋友！没有孝心的人，他的内心是黑暗的，也是无情的。只要环境合适，他就能做出一切无底线的事情。

一个连自己最亲近的人都不尊敬的家伙，他会对一个朋友好吗？孝敬父母、善待亲人是最基本的人伦，也是我们评判一个人是否值得交往的前提。假如你发现一个人存在这方面的污点，就不用再做考虑，对他关闭你敞开的大门，要毫不留情地把他踢出你的朋友名单。

如何分辨一个人是否孝敬父母?

1. 联络频率

我非常在意一个人跟父母联系的频率。在对客户或其他关系做必要的背景调查及信息了解时，我会想办法挖掘到这方面的信息：这个人多久给他的父亲和母亲打一次电话？一个在外地工作却长达30天从不跟父母通话的人，我会把他拉进“信任指数较低”的名单。那些心中有父母的人，如果不是和父母一起同住，他们应该至少7天就主动打一次电话。

2. 回家

钱伯斯说：“我观察到，一个长期不回家探望父母的人，如非从事特殊职业，他在朋友圈中的名声是比较一般的。我不会让这种人成为自己的朋友，因为他连父母的感受都不在乎，关键时刻又怎会在乎你？”

所以别傻了！不要被一个人“工作狂”的形象蒙骗了双眼。能够放下手头紧张工作，定期回家看看父母的人，总能给我留下好的印象。比如，异地的情况下，每个月至少回家一次；和父母同城，则每星期必去探望。那种一年365天不回家一次的人，我基本不会考虑让他进入我比较亲密的圈子。

3. 与父母的合影

虽然这不是一条硬标准，但我仍然建议你将之作为考察的标准。比如，去客户的办公室探访时，看看他的办公桌上有没有和父母的合影；去朋友的家中拜访时，也可以注意观察一下。假如一个人从来不会将父母的照片拿出来放到显眼的地方，或者向朋友、同事公开自己的家庭照片，说明这个人不是有难言之隐，就是缺乏细节方面的关怀能力——他肯定不是一个心思细腻和重感情的人。

4. 和兄弟姐妹的关系

他和兄弟姐妹（其他亲人）的关系也是我们要衡量的标准。一个人如果和自己的亲人关系很差——注意，是几乎所有的亲人都对他颇有微词，那么你就要好好想想，这个人是否真的像现在表现得这样问心无愧。一般而言，他的身上总会有一些你尚未发觉的缺陷。我建议你不要匆忙地和他建立过于亲密的关系。

无义：借钱不还，专坑自己人

在小组成员的一次讨论中，我们提到了“义”这个话题。好朋友要讲义气，不讲义气的人当然要远离，但人和人之间怎样做才算是仁义？是没有原则地帮忙到底，还是无论对方如何对你，你都应该保持大度？

我说：“朋友之间的义到底是什么？人们传统的理解是有事互相帮忙，必须两肋插刀，义无反顾。我认为这么理解是不对的，朋友间的义首先就是有原则，其次才是重感情。那么原则又是什么？就是有了难要帮，但借了钱要还，遵守人和人之间的最起码的道义。如果一个人连这一条都做不到，他就不是朋友，而是骗子。”

案例 1

小周是小王的“铁杆兄弟”，他们是六年的朋友了，大学时代住在同一个宿舍，大学毕业又在同一座城市工作，几乎每天都见面，一起喝酒看球，一起打牌唱歌。但是不久前，小周向小王借了 5 万元钱，事由是父母生病需要手术费用，约定半年归还。半年时间到了后，小王要钱却多次空手而归，到后来小周连他的电话也不接听。小王心想不妙，赶紧到他租住的公寓去看，发现小周已经搬走了。

案例 2

郑女士委屈地说：“我和闺密成为敌人，都是借钱惹的祸。”她借钱给了闺密，却害得自己差点离婚。2007 年的时候，她的闺密失业了，对她说想开一家理发厅，向她借一笔启动资金，数额是 10 万元。郑女士毫不犹豫地答应了，这可是她最好的朋友，有难岂能不帮？借钱时，双方约定一年后归还，也没写借条。但是左等右等，郑女士没有等到闺密的理发厅开业的消息，数次电话询问，对方都说正在准备。

一年后，当郑女士希望闺密还钱时，她得到的回答却是：理发厅没开成，钱花到了别的地方。郑女士十分焦急地盼望闺密赶紧兑现承诺，但还钱事情一拖再拖，最后没有了一点音讯。丈夫听说这件事以后很生气，经常和她吵架，因为这件事情差点离婚。现在将近十年过去了，这笔钱还没有要回来。

郑女士苦笑着反问："这是朋友吗？"

案例3

提到朋友间的义，仍在读大四的学生小吴感触也很多，他首先说到的也是一个"钱"字。他借钱给朋友，最后两个人却形同陌路，真是对友情的莫大讽刺。小吴的一个朋友缺回家的路费，十分羞愧地向他开口，小吴当时自己身上的钱也不多，但他为了朋友，又去向别人借钱才凑齐了这笔路费，很不容易。可朋友回来之后，就像事情从没发生过一样，绝口不提还钱的事，甚至见了面连一个招呼都不打。

小吴愤怒地说："我看清了这样的人，以后交朋友一定小心点！"

总的来说，借钱不还属于言而无信的范畴。当这种事情发生在朋友间时，还要加上一条：利用和欺骗朋友的同情心。他们用花言巧语骗取朋友的信任，获得金钱的援助，但钱到手以后，就忘了自己应该尽到的责任。

在调查中我发现，凡是借钱不还的“朋友”，他们借钱时所说的话十有八九都是假的，甚至借钱的理由根本不存在，做出的承诺也不会兑现。钱伯斯总结说：“这些人说谎就如同家常便饭，他们没有任何心理负担，也不会脸红。重要的是，这种人在失信以后从来都不会主动找你道歉，而是怀着侥幸心理拖一天是一天。”

我们在社交中最害怕遇到的就是这种人，最应该警惕和远离的也是这种人。他们的品性有问题，与你做“朋友”，只会骗你，绝不会给你提供半分帮助。

无德：心中只有利益、随时翻脸的势利小人

无德之人最大的特征就是势利，为了一点小便宜或很小的利益，就可能出卖朋友。在他们眼中，友情值不值钱的关键在于朋友的身份、财富和地位。所以，他们不管干什么都是目光短浅，为了蝇头小利就跟身边的人翻脸。

这类人交“朋友”的第一原则，就是看你能不能给他现实的好处——不是温情的鼓励，也不是心灵的关心，而是立竿见影的物质上的“实惠”。如果不能，你在他心中便毫无地位可言。因为他的心中只有利益，没有友情。他嘴上可能把你当“朋友”，但实际上却是漠不关心的。在你遇到困难时，他才不会管你的死活。

实际交往中你会发现，他们总是表现得热衷于交友，认识你之初热情无比，主动交谈，嘘寒问暖，先取得你的信任，然后提出要求，让你不断地帮他的忙，占够你的便宜。等到你失去了利用的价值，他便甩手走人，把你踢出他的朋友圈。

毕业于复旦大学的校友孙先生就交到过这样的“朋友”。有一个同事比他晚进公司两年，实习期时每天都跟他耗在一块，虚心向他请教，拜他为师。没几天两个人就成了好朋友，孙先生也热心地引导他快速融入公司，在上司面前帮他说好话，替他摆平了很多麻烦。期间，孙先生还替他垫付了不少生活费，比如交房租、还信用卡等。

“但是实习期一过，小伙子成功地通过考核，调往其他部门做正式的职员，我们的关系立刻疏远了。这么说吧，三个月没给我来一个电话，也没在微信或其他社交工具上主动找过我。有一次我委婉地提醒他那些垫付的费用，他竟然隔了一个星期才回复我。可见，他是利用朋友实现他的利益，事后觉得不需要了，就马上翻脸。”

只要你不加防备，无德之人能干出任何事。他们虽然披着朋友的外衣，却是附在善良人身上的“吸血鬼”。对他们而言，朋友就是拿来利用的，一旦失去了交易价值，便和一个垃圾桶没什么两样。

1. 朋友是成功的跳板？

生活中，你会把朋友当作自己随时可用的提款机吗？

工作中，你会把朋友视为自己成功的跳板吗？

恐怕99%的人都会坚定地回答："我不会！"但无德之人在心中的答案却是肯定的。在利益面前，友情这个充满温情的、闪光的字眼黯然失色。他们自身的利益高于一切，不仅高于友情，甚至高于亲情。他们和你做朋友，不过是想看看你这儿有没有他需要的东西——金钱、人际关系、背景、资源等，把你当作他迈向成功的跳板。和你交朋友，是为了让他自己获得更多的利益。

曾经在华尔街投行工作8年的罗杰·斯坦恩说："我感同身受！华尔街那些衣冠楚楚的利益之奴为了钱，连自己的性命都顾不上，更不要说朋友的安危。我奇怪的是他们怎么会有朋友。"

这些年来，斯坦恩在华尔街对朋友、同事与合伙人间的反目已见怪不怪。一旦朋友成为他们获取利益的障碍，或者卖掉朋友能够换来自己在市场上更多的份额和收益，他们会毫不犹豫地在出卖清单上写下朋友的名字——即使那是他交往多年的密友。

"请原谅，这是生意。"显然，这是一个绝佳的借口。如果你不幸结识了这种不义及无德之徒，很有可能在春风得意之时就已经被他卖了。亲近这样的人，最后的结局总是吃亏上当，友情没了，利益也没了。

2. 远离那些"为了利益投其所好"的人

斯坦恩警告说："越是有迫切的社交需求，就越要懂得分辨哪些人是可交的，哪些人纯粹是为利而来。为什么热心肠的人容易受骗？因为他们听不得三句好话就轻信于人。所以一定要小心满嘴甜言蜜语的家伙，他们的袖子里面藏有匕首，是随时准备放你血的‘朋友’。”

a. 无德之人擅长投你所好，凡是动不动就赞美你的人，一定要警惕。

有句话说，“君子之交淡如水，小人之交甘如醴。”这些人肚子里没什么才华，口才却相当出色。平时与你称兄道弟，好得就像一个人，他们最喜欢的就是逢迎拍马，趁你心情好时达到自己的目的。但是一到了紧要的关头，或者目的达到，他们就会原形毕露。为了自己的利益，他任何坏事都可以做出来。因此，遇到那种喜欢围着你转、嘴甜如蜜的人，你就要小心了。

b. 无德之人从来不会雪中送炭，因此你可以用试探的方法测出他的本质。

这种势利心极强的人心中打的算盘都是“我能从别人那里获得多少好处”，从来不会思考“我能对别人提供多少帮助”的问题。在你富贵时，他对你不离不弃；当你落难时，他是不可能与你共同面对的。也就是说，在你遇到困难的时候，他不会来雪中送炭，而是第一时间就跑得无影无踪。如果有利可图，他甚至还会对你落井下石。比如你在公司落难了，他为了取得老板的欢心，有可能悄悄打小报告揭发你“更多的工作问题”，换取老板的重用。

为了在受到伤害之前就识破这类人的真面目，我建议你主动出击——寻找或者制造机会测试一个朋友的品德，然后再去判断他是不是你的朋友。方法很简单，假装自己遇到了非常大的危机，毫无预兆地给他打电话，或者找到他倾诉，请求他给予支持。这时，根据他随后的反应，你就能看清他的本质。

在华盛顿一家国际金融公司上班的华人宋先生就用这个办法进行了一次试探。他的目标是自己刚认识一年的两位新朋友，这两个人都属于在商业聚会上主动过来交流，然后成为朋友的。一天傍晚，宋先生分别给他们两人打电话，告诉他们自己马上就要离职了，因为在工作中犯了一些错误，公司的老板十分生气，让他滚回中国去，所以他现在迫切需要朋友相助。

宋先生在电话中并没有提及借钱等具体的求援方式，他只是简单地说了一下自己寻求帮助的意图。接下来发生了什么？第一个人立刻用一种冷漠的腔调回答："不好意思，我有点忙，明天再说好吗？"说完便挂断了电话。次日清晨，宋先生再给他打电话时，已经打不通了。第二个人的反应则更为温情一些，他耐心地倾听宋先生讲完这个"故事"，然后问："你需要我做什么？"宋先生这时说："不需要，我只是向朋友倾诉一下，我想自己有办法解决。"两个小时后，这个人又主动打来电话，再次询问宋先生是否需要帮助，并且明确地说，"你如果回国，并且有资金需求，可以告诉我。"

从此以后，宋先生的通讯录上删掉了一个无德之人，多了一个足以成为知己的真诚的好朋友。人们可能都觉得朋友越多越好，但在实际的生活中，你总能发现有些人是伪装在你身边的友情骗子，他们接近你不过是为了利益。真正的品德高尚、动机单纯的朋友是极其难得的，一定要学会分辨，并且把藏在中间的那些势利小人找出来，离他们远一点。

损人利己：把快乐建立在别人的痛苦之上

石家庄的霍先生在邮件中说，他刚到一家公司上班，就看到了社交最阴暗的一面。他是所在的部门中资历最浅的一名新人，年龄也小，因此处处都要向同事和前辈学习。霍先生抱着与人为善的态度和大家打交道，他无怨无悔地承担起部门中许多本不属于他的琐事，希望赢得同事的认可，像朋友一样相处。

结果，部门的工作出了问题，仍然有人通过造谣、打小报告等方式把责任推到霍先生的身上。当霍先生被领导责骂时，他们就在外面窃笑不已。霍先生既愤慨又很无奈：“我真心待人，却得到这种回报，我该如何应对？”

有些人就是这样的，他们习惯于损人利己，为人处世时很不厚道，经常为达成目的不择手段，把自己的快乐和幸福建立在别人的痛苦之上。有的是我们的朋友，有的则是我们的同事或者客户。与他们相处，稍不谨慎就会吃大亏。因此，学会分辨这种损人利己的小人便非常重要。

1. 别让自己成为“替死鬼”

损人利己的人，会在遇到问题时找别人当自己的替死鬼。明明是他的言行有过错，他却死不承认，昧着良心编造理由，推脱责任。这时，谁离他最近，谁就倒霉了，他会找一个冤大头替自己背黑锅。“替死鬼”这个词已经成为人们经常挂在嘴边的口头语，就是因为它发生的频率太高了，我们要提防那些喜欢找人背黑锅的家伙。

一般来说，这种人的口才都很好，又敢于发誓，信誓旦旦，表现得很有说服力，对人们的误导力很强。所以，当他们传播一些谣言、打小报告时，就容易使众人以讹传讹，时间久了便众口铄金，积非成是。没有经验的霍先生就中了招，他本以为可以用一颗交朋友的心与所有的同事友好相处，结果却被其中的损人利己之徒暗算了。

2. 学会判断，保持谨慎

在社交中，我们都要多一个心眼。有句话说得好：“既不要消耗别人，也要远离消耗你的人。”有的人经常做损人利己的事情，时间一长大家就都知道了。你可以被这种人欺骗一次两次，但第三次还上当就说明你自己有问题：对于社交太天真，对于朋友缺乏分辨力。

怎么判断一个人是不是损人利己之徒?

a. 了解一下这个人平时的口碑。

多方收集信息，看看大家都是怎么评价他的。尤其要到他的熟人圈、社交平台中听一听、看一看人们怎么说，你会得出一个比较客观的结论。我们要特别注意其中的负面评价，看看他是因为什么“得罪”了自己的朋友、邻居甚至网友。这两年，我们在招聘中也引入了这种做法，会特意到求职者的社交平台中阅读一下他的博文和网友评价，将这方面的信息纳入分析系统中，对综合评价这个人的本性有很大的帮助。

b. 平时注意观察，小细节往往反映大问题。

一个人的本性能隐匿一时，却隐藏不了一世。喜欢损人利己的人，遇到利益问题时总会迫不及待地跳出来，在言行上就会有所表现，例如当别人落难时他会做出“落井下石”等令人不齿的事情。他如何对待同事，就会如何对待朋友。

白眼狼：“过河拆桥”，从不感恩

有的人喜欢消耗朋友，向朋友求援。他遇到一点小问题，就让你过去帮忙，其实都是他自己可以解决的麻烦，但他不想动手，而是让朋友来分担一部分。更有甚者，他缺钱了就找你要——你并不欠他的钱，他却要得理直气壮，因为你是他的朋友。

于是，你成了他的“保姆”，也成了他生活和工作的铺路石。你的精力大部分都被他牵制着，就好像你是为了他而活，为他的幸福添砖加瓦。他对你产生了强大的依赖，有任何摆不平的麻烦，都会打通你的电话。

但是，当他成功以后，你别指望他报答你，甚至也别奢望他感恩。因为就在他成功的那一刻，他会在通讯录中删掉你的号码，在社交平台把你“屏蔽”了。从这时起，你不再是他的朋友。

塞勒尔前不久讲到了一个他亲身经历的故事：一个与他相交四年的好朋友突然间“一夜蒸发”，电话打不通，住址更换了，好像从这个世界上消失了。塞勒尔非常担心，他联系几个朋友四处寻找，大家都不知道那家伙去哪儿了，人们一头雾水。最后，就在塞勒尔准备报警时，那个人的堂弟透露了一些蛛丝马迹：

“据说他在股市发了大财，赚了至少五百万，怕有人借钱，所以连夜搬家了。”

塞勒尔顿时目瞪口呆，他说：“你不知道吗？他炒股的本钱都是找我借的。我不会找他借钱，也不会让他报恩。也许他从此不想再与我们这种级别的朋友打交道，但他起码应该把本钱还给我再走吧？”

这个人让塞勒尔非常失望，也从此改变了他对“朋友”这个词的理解。自己发迹以后，就迅速忘掉曾经帮助过他的朋友，这就是过河拆桥。如果有人给了你这种感觉，那你就要小心了，不要再跟他来往，至少要和他保持足够的距离，别对他提供任何的帮助，因为他不会记住你的“恩情”，也不会给你任何回报。相反，当他飞黄腾达以后，你再也别想成为他的朋友。

1. 小心那些“踩着别人鲜血前进”的人

不管是生活还是事业，他们都是冷漠无情的，踩着别人的鲜血前进，踏着别人的肩头向上爬高。有句话说，“你种树，他乘凉。”他会利用你做的工作替自己开路，一步步实现自己的目标。但当他成功时，他不会报答你，而且有可能翻脸无情，把你踢出他的朋友圈。因为这时候，他需要的是更强的朋友。

2. 小心那些“见风使舵”的人

简而言之，这种人谁得势就去依附谁，谁失势就会抛弃谁。只要能过河，他们愿意趋炎附势，会不择手段地利用所有的人。他们依靠强者，利用强者，鄙视弱者。当你失去利用价值时，他们就会马上转向，甚至会对你幸灾乐祸。对于这样的人，不但要保持警惕，而且要主动隔离，他们是典型的白眼狼。

◎ 结交这几种人，你的生活会更轻松

愿意欣赏你：在你穷困潦倒时鼓励你、帮助你

2008年的一个晚上，从公司拖着疲倦的身躯回家的法兰克远远地看到一个人影在自己家门外十几米的地方晃悠。他以为是小偷或劫匪，悄悄停下车，从背后走过去，然后松了口气。这个人是他的朋友洛伊菲奥一家证券公司的业务经理。

“你怎么了？”

“没什么。”

从简单的回答中，法兰克嗅到了一丝不寻常的味道。在这个已有些寒冷的深秋，华尔街每分钟都会传出许多不好的消息：一些从业者自杀了，这他知道。那么，他的这位好朋友在这场金融风暴中遇到了什么问题？

他打开门，把洛伊菲奥请进客厅，给他泡了一杯咖啡。5分钟后，法兰克明白了，曾经拥有几百万美元资产的洛伊菲奥现在已经破产，还欠了银行一屁股债务。他所供职的证券公司就在今天傍晚宣布关闭，上千人失去了工作。

“未来你打算怎么办？”

“我不知道。”

“好吧，我们先出去吃点东西。”

法兰克用了一个晚上的时间和洛伊菲奥聊天，他清楚地知道朋

友在这时最需要的是什么。同时，他也理解一个人为何会失败，因为他自己也经历过很多类似的挫折。所以，他可以自豪地说：“我在这方面很有经验。”在他的鼓励下，洛伊菲奥的心情好了很多。重要的是，法兰克让他意识到自己其实是有许多优点的，现在事业出了问题，只不过是赶上了一个坏的形势。

“大家都很难过，伙计。”法兰克说，“那么多优秀的证券经理都被银行收走了房子，你为何能例外？所以这是不可避免的，但将来未必就不行。”直到几天以后，他仍然每天定时给洛伊菲奥打电话——几乎每隔两个小时就要通话一次，询问他的想法。法兰克做了万全的准备，因为在那个自杀的“季节”，任何意外都要提防。他不希望自己的朋友出事。

两年以后，已经身为一家投行副总裁的洛伊菲奥准备撰写一篇金融危机期间的故事——自己是如何起死回生的。在书的一开头，他用真诚而感激的语气写道：“献给我最亲爱的朋友法兰克，没有你，就没有这一切。”

当他遇到人生和事业的双重困境时，在那个寒冷的深夜，他找的第一个人并不是法兰克。之前他已经去过四个人的家里，并且打过十几个电话。但是，只有法兰克“接纳”了他，并且怀着同情和理解之心，花了整个晚上安慰他的情绪，肯定他的优点，帮他找回了自信。一个在你困顿之时不会抛弃你，而是鼓励并且理解你的朋友，任何人都是非常需要的。

1. 每个人都需要有一位“患难之交”

有人说，“巅峰诞生了一批虚伪的拥趸，黄昏见证了一群真正的信徒。”真正值得结交的朋友，不是在你巅峰时殷勤地跑过来献花的追随者，而是在你落魄困窘时仍然愿意相信你、支持你，并和你站在一起的患难之交。

我们每个人都需要一位像法兰克这样的朋友，他不会以财富的多少、名声的大小和地位的高低而对人区别对待。和他成为朋友，就等于拥有了一位患难时期的心灵导师，能让你在最困难的时刻听到鼓励的声音，感受到朋友的关怀和温情。

我们的一生不可能一帆风顺，难免会碰到失利、受挫或者面临某些极端困境的时候，比如失业、生意失败、情感受挫等，这时候凭借个人的力量很难摆脱出来，往往需要别人的帮助，而且是不设置条件的援助。一个患难之交，这时就能站在一个客观的角度帮你分析问题，肯定你的优点，鼓励你重新振作起来，并提供必要的支持。

谁在困境中雪中送炭，谁就值得我们感激一生。对于一个身陷困境的人来说，最怕的不是眼前的困难，而是信心的丧失。患难之交在此时就能给你精神上的鼓励，因为他欣赏你的能力和人格，认为你一定能成功，必然能渡过难关。这种支持不是金钱能够买到的，它可以让我们熬过最黑暗的时刻，积极地面对未来。

2. 失意时，仍愿意和你交朋友的人在哪里？

我在事业开展之初，经历了相当长的困难期。那时，公司的服务找不到市场，提供的产品无人问津，但资金已经投入了上百万美元。也就是说，在多数人眼中，我在做一门注定血本无归的生意。就像一个无底洞，我每天不停地往里扔钱，眼看就要弹尽粮绝。

这是一个尴尬的时刻。就像“薛定谔的猫”——最终的结果出来之前，谁也不知道我是生是死。最困难的时候到了什么程度？公司账上只有320美元，所有员工的薪水都被拖欠了4个月，80%的人已经交不上房租、还不上房贷，而我这个老板与另一位合伙人普利斯连给汽车加油的钱都快没了。我们投入了大部分的身家，但还没收到回报。我想，几乎所有的生意人都对此深有体会。

在这个时期，我的朋友都去哪儿了？我注意到，过去经常联络的人，此时一多半都不再主动给我打电话，比如“周末去哪儿聚一聚”之类的话题，已经没人邀请我了。由此可见，即便你是一个过去取得了一定成功的人，遇到这种财务上的困境时，也会有许多“朋友”主动与你保持距离。这说明，大部分人的交友观其实是“金钱观”，首先看能不能从对方那里获得好处，如果没有好处，甚至有自己付出的可能，许多人就会迅速离开你。

幸运的是，我在人生和事业的贫困阶段仍然交到了一些愿意理解、支持和帮助我的朋友。资金断顿五个半月时，我接到了国内的一个电话——那是一位老朋友，我们有三年多没有联络了，但他从别的渠道听说我的情况后，主动联系到我，听完我的介绍后，他大笑着说："你还记得吗？大学时我穷得没有饭吃，你借给我50美元，结果我一直没给你，你也没问我要。现在，我还给你那50美元，而且我相信你一定能成功，朋友！"

第二天，他就汇来了50万美元。时至今日，他仍然是我最好的朋友之一。"贫困"除了能带来烦恼、痛苦之外，它还具有这样的功能：验证哪些人才是你的朋友。

拥有正能量：在你伤心时开解你、陪伴你

一个随时能够打电话倾诉心事，乃至可以对着他痛哭一场的人，你有这样的朋友吗？塞勒尔说："我们都需要一个这样的朋友，也许他不是有钱人，没有那么大的社会能量，不能给你搞到很多钱，但在你伤心欲绝、别人都避之唯恐不及时，他却愿意坐在你身边。就你们两个人，一起承受这份痛楚。他会用自己的全部力量开导你，帮你找到走出阴影的方向，他也会陪伴着你，让你不那么孤独。"

在他的身上，永远都蕴含着一股正能量。每个人都应该在自己的人生中交到这样的朋友，因为他富有同情心，理解失败者，同时又有丰富的经验去帮助伤心、失败或遭遇其他问题的人，让他们爬起来。

1. 不论你遇到多么伤心的事，他们总能帮你找到乐观的角度

洛杉矶一家诊所的劳罗医生就是这样一位朋友。在人们眼中，他不仅是一位优秀的骨科大夫，还兼任每一位病人的心理医生。在为病人尽心竭力地治疗的同时，他又能体察入微地开导病人的心情，让他们在一种乐观的状态中面对疾病。

几年前，我的邻居马塔身患严重的腿疾，最后被宣布必须截肢，否则就有生命危险。马塔无奈地接受了命运的安排，做了截肢手术，并且失去了工作。为了节省庞大的医疗费用，马塔不再去医院定期复查和恢复治疗，他选择了劳罗的诊所。在这里，他每周接受一次骨科检查，并到康复部门进行腰部力量的加强训练，还订购了一部新的轮椅。

有一次，马塔正在劳罗的科室外面排队。前面还有 3 个病号，他看着这些步履沉重的病人，再想到自己的遭遇，禁不住悲从中来，在科室外面号啕大哭。劳罗听到以后，不仅没有指责他惊扰了病人，反而请护士将他安排到自己在诊所的休息室。

“先生，请等我 10 分钟。”

10 分钟后，劳罗看完病号来到休息室。他蹲在马塔的面前，两个人聊了起来。从病情聊到事业，又聊到家庭。马塔一边流泪一边绝望地说：“我曾经有一份好工作，有一个漂亮的未婚妻，但是生病以后，什么都没了！我现在没有工作，没有家庭，没有朋友，甚至连一条狗都养不了，谁照顾它？我连照顾一条狗的能力都没有啊！”

“不，你要这么想……”劳罗说，“发生在我们身上的任何不幸，都能帮助我们看清一些事。造物主是残酷的，但它也是公平的。就拿这件事来说，在生病以前，你是否对于自己的幸福一无所知，直到现在才开始懂得珍惜？所以，既然事情已经发生了，我们就要想一想怎样把坏事变成好事，怎样从不幸中发现自己的幸运。”

两个人聊了一个小时，马塔的情绪慢慢平静下来。从那以后，劳罗成了他最好的朋友。在劳罗的鼓励下，马塔信心百倍地投入到康复训练中，对轮椅也不再排斥。他说：“即便是为了证明自己能够在这种艰难的处境中活下去，我也会付出所有的努力。”现在，他依然每天接到劳罗的问候电话，他早就从绝望的状态中走了出来。

2. 他们全身都散发着积极的力量，并愿意传递给你

有正能量的朋友用积极乐观的态度对待生活，他将正能量传递给你，并影响更多的人。当你伤心绝望时，他可以用不同的方法为你找到纾解情绪的出口，并且帮你分析解决问题的办法。我们都需要一位这样的朋友——他不是和你一起哭，而是能让你重新欢笑的朋友。

愿意指引你：在你迷茫时无条件地引领你、指导你

当你处于人生的迷茫或事业的混沌期时，如果有人和你交心长谈，为你指明方向，将大大缩短你走出困惑的时间，减少你折腾的成本。在这样一位人生导师的指引下，我们可以很快地树立正确的方向，信心十足地去实现自己的理想。

在日常生活中，我们对此都很有体会。例如，一个信任的眼神，就可能成为强大的动力；一次赞同的掌声，就可能是对一个孤立的奋斗者的巨大支持，让他在濒临放弃的关头重新坚定意志，继续努力。

卡柏年轻时最大的梦想是去意大利的威尼斯定居，他喜欢那座世界名城的风景，同时对意大利文化有很深的研究。为此他制订了许多计划，在23岁那年，他从父亲那里借了10万美元，孤身前往威尼斯，在附近一个小镇住下来，然后开始思考应该做些什么，以供自己在当地生活。

想来想去，卡柏决定开一家旅游用品商店。因为每年到威尼斯的游客众多，他们来自世界各地，来到这里有着各种各样的需求。因此，旅游用品的市场还是非常火爆的，这是包赚不赔的生意。他把所有的钱都投入进去，就在水城边的小镇上开了自己的店铺。

不过，这个世界上并没有什么包赚不赔的生意。即使巴菲特、马云这种成功的商人，也会有看走眼和摔跟头的时候。卡柏的店开了不到40天，美国就发生了“9·11”恐怖袭击事件。一时之间，全球各地外出旅游的人都大为减少，尤其对北美和西欧国家来说，各旅游城市齐遭冷季，威尼斯也不例外。几个月下来，卡柏的店铺就难以维持了，他赔光了父亲借给他的所有的钱，还在当地欠下了

20万美元的债务。

卡柏的人生刚开始，就陷入了迷茫。他走向人生独立的第一次尝试就遭到了命运地狠狠一击，这让他彻底失去了信心。

“我一度想自杀。”卡柏回忆说，“那种失败是不可接受的，尤其对20岁出头的年轻人来说，我血气方刚地要实现梦想，出国前对朋友、对家人夸下了海口，却得到这个结果。那时，天空都是阴暗的，心情就像世界末日来临。我在想，如何回国面对家人？这次失败几乎已经毁掉了我的一生。”

让卡柏从这种精神的绝境中走出来的是他的朋友墨里西一个同样在威尼斯做小商品生意的意大利人。两个人经常去同一个地方进货，因此成了好朋友。这次旅游业危机，墨里西的店铺也被波及，赔了很多钱，但和卡柏不同，墨里西是一个很冷静的人。

卡柏说：“我很幸运有这样一位朋友。就在我躲在租住的小公寓蒙头大睡时，墨里西打来电话，说要跟我谈谈。我们去了水城的一处意大利面馆，起初什么都没说，他让我填饱肚子，然后我们就在外面四处闲逛。一开始，他也没有谈我的生意，没有对我有什么开导，而是在说他自己的事情。”

墨里西用了很长时间向卡柏讲述自己是如何迈进这个行业的。早在17岁时，他就跟着父亲在威尼斯的旅游市场混口饭吃，从在广场散发广告，到租用游船拉客，再到有了自己的店铺，期间经历的挫折和迷茫数也数不清，但为什么他们始终没有放弃？墨里西说，因为他们的方向是坚定的。

“我们都要给自己寻找一条道路，找到一条适合自己的路，然后就一直走下去。也许中间的某些时候会发现正走的这条路是错误的，自己付出了惨痛的代价，没关系！因为我们能认识到原来这条路是走不通的，需要寻找另一条路。我们借此排除了一种选择，这难道不是一种收获吗？”

正是这次开导，让卡柏的内心豁然开朗——原来还可以从这个角度看待生活。他根据墨里西的经验，对自己在意大利的这段经历进行了盘点，最后做出了回到美国、重新寻找职业的决定。几年后重新回忆这段历史时，卡柏说：“这是一次正确的选择，我没有做生意的天赋，我承受风险的心理素质不高。当然，我最感谢的就是墨里西，如果没有他，可能我从那时起就会自暴自弃了！”

能为你领路的人，是最值得感谢的朋友。在现实中，当我们遇到重大的挫折或迷茫时，许多人都会选择漠不关心和冷眼旁观，这时能站出来帮助你的朋友，都是能够与你同甘共苦的人，他们是真正的热心肠。遇到这样的人，我们一定要善待他，让他成为自己最好的朋友之一。

直言劝谏你：在你犯错时提醒你、监督你

我们一生中会交到很多种朋友，他们有的是自己的良师，有的是能够一起合作的同事或生活中的益友，各自起到不同的作用。但是还有一种朋友是不可或缺的，那就是能够在关键时刻“得罪”我们的人——不惜与我们翻脸，也会指出我们的错误，提醒和监督我

们要及时改正一些缺点，防止犯下大错。

“谏友”就像一座放在我们耳边的警钟，当你即将犯错误或者已经犯错而不自知时，他就会立刻敲响，就算惹你不高兴也会毫不客气地指出你的错误；

“谏友”对事不对人，他们直言不讳，不怕因指出你的缺点而得罪你，但他的出发点是为你好；

“谏友”从来不为了哄你开心而欺骗你，为了阻止你的错误行为，他们宁可与你吵架甚至反目成仇，也要帮助你改正错误。

我们从来都不缺一起玩乐的朋友，却缺少能把自己从虚荣的状态中打醒的人。公司初创时，合伙人史密斯就曾经因为一个很小的问题和我大吵了一架。当时我觉得他是小题大做，但没过多久我就意识到，史密斯是为我好。

事情发生在招待客户时，客户来了以后，我习惯性地靠在沙发上，以一种非常舒适的状态和客户交谈。客户没什么异议，我也不觉得有什么不妥。但史密斯看到后，立刻到我的办公室，极其严肃地对我说：“听着，下面的话可能不悦耳，但我必须说。你有一个很不好的习惯，当你坐在沙发上时，你表现得像一个不可一世的家伙，就像圣殿骑士团的领袖。如果不改过来，这会毁了你的事业。”

“有这么严重吗？”

“没错！也许有些客户不以为然，但我敢肯定，早晚会有客户因为你这个动作拒绝与我们合作，并且把你的坏习惯传播出去，到那时你再想改正就晚了！”

当时，我认为史密斯是小题大做，不就是一个小小的身体习惯吗？现在很多人都是这样的，大家都很随意，也没见影响生意。然而，过了十几天，我就认识到这么做的严重后果了，因为公司收到了客户的投诉——在公司的邮箱中，我们接到了一些客户的反馈意见，其中就提道：

贵公司的总裁好像是一个傲慢的自大狂，趾高气扬地以为他可以拯救全世界，我们谨希望贵公司的服务也可以达到拯救全世界的水准。

这时，我立刻想起了史密斯的那个警告，他太有预见力了！我马上决定从此改变这个令人讨厌的坏习惯。正因为史密斯特别喜欢不留情面地“揭发”我的一些缺点，指出我在生活和工作中的一些错误，他才成了我一生中最重要的朋友之一。

1.“泼冷水的朋友”是宝贵的财富

给朋友泼冷水是很难的，要冒着“吃力不讨好”的风险。大多数朋友之间，说话都会藏着掖着，只拣好听的讲，不会直白地指出对方的缺点，更有甚者还会推波助澜，助长我们的错误行为。人们的心理出发点是不想得罪人，更不想得罪朋友。正因为如此，一个能讲真话、敢讲真话的朋友才弥足珍贵。

拿出通讯录翻阅一下，看看身边是否有个这样的朋友。

当你头脑发热时，他会毫不客气地对你泼冷水。

当你犯了错误时，他不是替你掩盖，而是督促你承认并且改正。

当你沉溺于某种坏习惯中时，他会坦言指正，提醒你养成健康的习惯。

不要以为朋友这么做是在跟你作对。事实上，没有人愿意无缘无故地去跟另一个人“过不去”。我们要清醒地思考：当他让你难堪时，除了得罪一个朋友之外，他得到了什么好处？既然他得不到任何好处，那他为何还直言相劝？

显然，一个泼我们冷水的朋友，他的出发点是为了我们好。与那些酒肉朋友比起来，这样的朋友才是我们的人生中最宝贵的财富。

2. 及时指出我们的缺点，这是最大的帮助

佩斯刚开始做化妆品的推销工作时，觉得这个工作的挑战性实在是太大了，因为他忙碌了两个星期，基本上一个订单都没有接到。他很担心有一天会失去这份工作，所以他就开始从自己身上找问题：

是我的推销力度不够？

是我的话不具备吸引力和可靠性？

是我不自信？

是我不够热情？

总之，佩斯认为自己一定是存在某些问题的，否则不至于一个客户都找不到。怀着这种自我批评的心态，佩斯一一地拜访那些曾经拒绝他的客户。他认真而谦逊地对人们说："请给我两分钟的时间，我这次回来不是向您推销产品，而是希望得到您的批评和建议，我真心地希望您能告诉我，我在工作的过程中有哪些做得不对的地方。我请您坦率直言，以便我在今后的工作中改正。"

这种请求他人批评自己的习惯使佩斯逐渐为自己赢得了好人缘，他在人们眼中成了一个态度谦卑、能接受诤言的人，也获得了很多真诚的忠告。通过这种做法，佩斯在推销的过程中成长起来，成为当时公司最棒的化妆品推销员之一。凭借着优秀的业绩，他被提拔为公司的部门主管。

但是，地位的高升在带给他更高收入的同时，也慢慢地让他失去了能听到真话的机会。他开始结交一些谄媚之徒，趋炎附势的朋友多起来，敢讲实话的朋友少了。在和客户沟通时，碍于他现在的职位，客户也变得有话不便直言，这对他的工作造成了不小的负面影响。

"为什么没有人愿意批评我了？我该怎么做才能恢复到从前的状态？"

我对他说："有一个简单的方法，你在自己的办公室门口贴一个公告，上面写上：凡是进入办公室的人，都必须提出一条批评，否则请离开。"

"这样行吗？"

佩斯半信半疑。在刚开始的十天内，他没有收到一条批评建议，进入办公室的人反而都带着奉承的笑脸，大家认为他是开玩笑的。佩斯发现，自己如果采取一些极端的做法，人们就会认识到他的决心，这个办法就能取得积极的效果。

所以，他做了一个新的决定：凡是进入我的办公室而不能提出批评意见的人，他必须在我的办公桌上留下100美元。

这条规定一出来，人们的态度顿时变得积极了，纷纷对他讲出了自己的心里话。久而久之，他的客户、朋友和亲人也听说了这些事，大家都知道他是一个愿意听取批评的人，所以在平时的社交和工作中，能够对他讲真话、指出他缺点的人也越来越多。通过此举，佩斯结交到了不少诔友。

不得不说，我们在生活和工作中，最需要人们提供的支持就是针对我们的缺点和问题的指正。有些人出于强烈的自尊和虚荣心，把别人对自己善意的批评视为恶意的中伤和诽谤，或者从一开始就根本不欢迎别人对自己说一个“不”字。这样一来，就把最应该感谢的人列为敌人。

事实恰恰相反，我们如果能够理性地想一想，就会发现，能够说出我们不敢正视的问题的人才是最该结交的。所以一定要改变自己社交的态度：和那些敢于直言的人做朋友，而不是被虚伪的投机之徒所迷惑。

◎ 你认为自己的社交圈是什么样的？

有一次我问一位先生，“你认为自己的朋友应该是什么样的？或者说，你会和什么样的人交朋友？”这个简单的问题反而难住了他。我在许多城市都问过别人这个问题，发现人们在回答时的表情都有些困惑。确实，朋友是用来做什么的？我们应该选择什么样的朋友？人们虽然时时刻刻都在社交，但对这个问题的答案却并不清楚。

在这里，我提供四条结交朋友的执行原则，供我们区分和判断哪些朋友是值得结交的，哪些则是应该远离的。

1. 你能把友情和工作分开吗？

友情必须和我们的工作区分开，这是第一条标准。凡是因为生意走在一起，并且以生意为基础维持友情的，都不可以算作我们的朋友。详细点说，就是你们可以以朋友的身份去一起做生意，但最好不要因为做生意而成为朋友。当你拥有这样的朋友时，就要设立一些基本的相处原则，保证工作和友情不能互相影响——因为能做到这一点的人是非常稀少的。

之所以会提供这条标准，是因为在我多年的调查中，有充足的证据表明，凡是将友情和生意搅到一块儿去的，最后的结局都不太美好。

2. 你经常考验别人吗?

在任何时刻、任意场合，友情都不能被考验。那些喜欢用某些事件来考验你的人，离他远点；同样，如果你准备考验一个人，看他到底是不是你的朋友，那么我建议你最好不要采取这种行为，因为这说明你并没有把他当作朋友。

3. 你经常利用别人吗?

友情也不能拿来利用。换句话说，就像前面我讲到的，远离那些利用你的人，同时自己也不要去利用别人。“利用”是一个重要的判断朋友的标准，凡是一有机会就利用对方为自己服务的，本质上是利益关系，而不是朋友关系。对于这样的人，你可以把它当作生意伙伴、同事或客户，但千万不要视为朋友。

4. 你需要朋友和你一起做“坏事”?

友情也不能拿来做不正当的事情。假如有人愿意帮你做那种违反法律或者突破道德伦理下限的勾当，可以肯定的是，他绝对不是你的朋友。和这种人结交，即便能暂时得到很多好处，未来也会害了你。朋友之间应该是一种积极向上、互相提供正能量的关系，即便做不到君子的境界，也不能成为一对小人。所以，我们既不要寻求让朋友帮自己做坏事，更不可给朋友的非法行为打掩护。遇到这样的人，应该果断地远离。

第三章　分寸之间，自在交往

◎ 刺猬效应：关系越亲密，越会受伤害

叔本华在自己的哲学著作中，用刺猬的例子强调了人和人心理距离的重要性。刺猬在天冷时会彼此靠拢到一起取暖，但它们总要保持一定的距离，以免互相刺伤。这就是人际关系和心理学中著名的“刺猬效应”：

我们和朋友既要维持亲近的关系，又要保持一个安全的距离。

在多个领域中，刺猬效应都发挥了它的作用。朋友之间，既不能太疏远，又不能太亲密，因为过于亲密时容易把彼此刺伤；上下级之间，上司和下属的关系也要遵守这一效应，既亲密，又有距离，保持一种不远不近、恰当的合作关系。

我们与别人的最佳距离是多少？

钱伯斯说：“关系破裂的朋友不是因为距离太远了，而是距离太近了。至少我收集到了许多例子，都在验证刺猬效应。距离太近，说话做事就容易突破对方的底线，触及对方的雷区，产生种种的

摩擦。”

既然如此，“最佳距离”是多少？

人和人之间的距离分为两种。第一种是物理的距离；第二种则是心理的距离。我们不管和什么样的人打交道，在相处时总会同时面对这两种距离，怎样保持好两者的区分，是否能采取一个最佳的距离，决定了我们社交的自由度和从容度。

物理距离：不要“勾肩搭背”，也不要“黏在一起”

平时的相处中，动不动就“勾肩搭背”是一种很不尊重对方的表现。同时，我们和朋友也不要整天都待在一起，比如不管干什么都叫对方一起去——你最好不要这样。另外，有些人喜欢和朋友一起租住，这也不是适宜之举。物理距离太近了，容易招致对方的厌烦，最好的朋友也会因此生出嫌隙。

心理距离：不要“事事干涉”，也不要“触及隐私”

在心理层面，我们必须给朋友留出足够的私密空间，让对方有充分的自主权处理他自己的事情。对此，密歇根大学安娜堡分校的心理学教授加奥比说：“当你发现和朋友过度亲密时，我建议你首先拉长一下心理距离，从对方的私密空间退出来。不要什么事都和朋友产生交集，也不要对朋友的任何事都加以过问，更不可触碰对方的隐私，否则你们的关系必从朋友退化为陌生人，甚至变得势如水火。”

调查表明，越是关系紧密的朋友，他们的心理距离保持得就越长，越能给对方一个足够宽裕的空间去腾挪移转。如果你事事都想干涉朋友，即使是出于善意的动机，也会给对方造成一种强力的压迫和窒息感，效果一定是适得其反的。

◎ “勾肩搭背”会让对方产生“被侵犯感”

“勾肩搭背”的后果有多严重？加奥比举了一个例子：安娜堡分校的一名大学生因被同学们误解为同性恋，在一个大雨倾盆的深夜开枪杀死了自己最好的朋友，然后在警察赶来之前饮弹自尽。正是他们两个平时的举止过于亲昵了，才导致人们产生了这么大的误解。

我在很多地方开讲座，都会听到台下年轻人的困惑，他们不喜欢和人勾肩搭背，但又害怕说出来会伤害朋友的感情。因此，当朋友动不动就搂住他的脖子，或者开玩笑地推他一下时，他就十分不舒服，心中非常恼火，但又有苦难言。

这种心理反应是正常的，是我们本能的反应。在社交中，直接的身体接触非常容易引起对方的反感，因为这会产生一种强烈的不安全感，有时甚至是屈辱感。能让对方感到安全的距离，至少要保持在 40 - 70 厘米之间，相当于两臂伸开的距离，这还是“熟人距离”。对于陌生人，则要把距离拉远到 76 - 120 厘米，否则就容易让对方产生“被侵犯感”。

任何人都可以自由地进入到安全距离的边缘地带，但要在外面活动。在特定的氛围中——开心、庆祝、祝贺、安慰等极端情况下，我们可以跨越这个距离，去跟对方握手、拥抱或拍拍他的肩，这是可以的，但要建立在对方的情感需要的前提下。除此之外，尽量在大多数环境中都保持在安全距离的远端，这样才会给予对方充分的自在感。

◎ 每个人都有捍卫自己思想与见解的权利

每个人都有“不被别人说服”的权利，捍卫自己的思想和见解，坚持自己表达的自由，维护自己的立场，即便面对最好的朋友和最敬爱的亲人也有不妥协的权利。塞勒尔说：“我每个月接到几十件以上和沟通有关的询问，他们不是为交不到朋友而难过，而是为自己的软弱感到屈辱，因为总有人强迫其接受他的某种观点，那些人都是关系非常亲近的人，有些是他们最好的朋友。结果总是，他们妥协了。”

如果一个人强制你接受他的立场，并且打着“为你好”的名义，你会接受吗？假如朋友的见解是你不认同的，但为了维护双方的关系，你愿意低下自己的头吗？即便愿意，你为此付出的代价也是沉重的，因为这意味着你损失了自己的尊严，来换取你们之间的情谊。

很显然，我的看法仍然是——当一个朋友试图要求你这么做时，他就不再是你的朋友了。

能达成共识很好，但不要强迫对方妥协

我们既要保护自己不被说服的权利，也要尊重对方不被说服的权利。在朋友之间的相处中，心灵的彼此容纳非常重要，这说明我们要尊重对方的思想见解，即使观点尖锐对立，也不要企图说服对方来顺从自己的意见。

能和朋友在一切问题上达成共识是友情的理想状态，但现实的

境遇总是双方各持己见，我们很难相互说服彼此。因此，这是“朋友”产生争论的根源。在一件事情的看法上发生分歧，我们都期望可以说服对方：

“听着，你这次得听我的！”

“不，这次是你错了，你会后悔的！”

“如果你当我是朋友，就按我说的做！”

这些话你是不是很熟悉？在和朋友争论时，我们想尽一切办法让不同意见者改变他的态度。但多数情况下，争论没有结果，不管你如何争辩或者劝说，或者对方如何强迫你改变主意，局面总是僵持不下。这么发展下去的结果是悲剧，对友情会构成莫大的伤害，因为你们彼此都在轰炸对方的心灵领地，试图摧毁对方的尊严。

在我们举办的一次“我和我的朋友们”的论坛中，就有人明确地表达了“我不会被说服”的坚定态度。他看上去身经百战，为了捍卫自己的某些观点，他与至少十位朋友分道扬镳，从此变成陌生的路人。

当然，更多人会在争论发生时选择沉默，既不接受朋友的观点，也不会扩大争论。这是典型的“老好人”做法，本着息事宁人的态度让朋友放弃对自己的追问，或者把话题转移到别的地方。这种冷处理的方式固然能解决当时的对峙，却为双方的友情留下了不可恢复的伤疤——在你们之间的心灵沟通中，已经开始出现裂痕了。

所以，尊重友情的心理距离不是一个人的事，需要朋友之间同时达成一种约定。你们双方都要明白，即便不能接受对方的观点，我也不会强迫他接受我的想法。我们对于一件事物的看法可以没有共识，但对于沟通的方式却拥有共识：充分尊重彼此的思想自由。

永远不要追求“绝对一致”

我们时常会对“拒不接受”自己想法的人感到愤怒，就像父母面对一个不听话的孩子：“我明明是为你好，为何你却置若罔闻？！”好吧，你可以对自己的孩子进行管教，但朋友不是你的孩子。你是正确的，难道他就是错误的？你也没有权力命令他和你保持一致。

我见过两个很好的朋友在某件事情上争执不下，他们引经据典地展开一场论战，试图说服对方听从自己的意见。从起初心平气和的讨论，到最后撸起袖子准备动手，他们没有退让一步。在别人的劝导下，这对好朋友还是回到了起点：接受不一致，不再争论。

这个世界上不存在“绝对一致”，你如果承认不被说服的权利，那么就得接受求同存异的社交理念。一种事物，一个观点，一条政策，无论多么完美，都难免存在反对者，因为每个人都有他固有的立场和利益需求。尊重对方的不同看法，不仅是一种重要的社交原则，而且体现了我们对于他人的思想自由和表达自由的尊重。

◎ 不要让自己的情绪被他人操控

我们的情绪总会受到其他人的影响，特别是关系亲近的人——他们与我们朝夕相处，时刻产生交流，因此互相之间会有程度很深的情绪交流。积极的情绪我们乐意接受，但是消极乃至破坏性的情绪呢？

比如一些破坏大王，他不好过时，也让别人不好过。

一些推卸责任的高手，无论他做错了什么，责任都是别人（你）的错。一些喜欢攻击、贬损别人的坏家伙，以羞辱或贬低别人为乐。

他们隐藏在人群中，或者就在你的背后，冷不丁就会跳出来，让你防不胜防。这些人最大的特点便是用自己的坏情绪攻击别人，尤其是自己的朋友。他们的情绪就像病毒，不知廉耻地入侵朋友的领地，浸染和侵袭朋友原本平静、乐观的好心情。于是，你的好状态因他而变坏。

对付这样的人，就必须设立一条情绪的边界。

破坏大王的"共同毁灭心态"

破坏大王的生活原则是简单粗暴的，这种人我们都见过。他们的心情会直接地影响到自己周边的人，尤其是最亲近的朋友。你越和他亲密，越关心他，他就越喜欢向你倾倒内心的不良情绪，传染你和他一块儿不高兴。不管你愿意不愿意，你都会受到他的影响，因为你和他之间始终未设立一条界线。

他的想法是："假如我不高兴，我会竭尽全力让朋友的生活也变得十分不愉快，直到我高兴起来。"

钱伯斯有一次接到朋友的电话，电话刚接通，就传来一阵连续的高分贝怒吼："为什么我这么倒霉！"钱伯斯无奈地听了20分钟的愤怒的单口相声。朋友炒股赔了钱，也毁掉了钱伯斯的周末，他放下电话闷闷不乐，准备出去游泳的好心情荡然无存。

这就是一种"共同毁灭"的动机，他周围的朋友会小心翼翼地生活在一个危险的地带，大家都对他未来的行为忐忑不安。人们会这样想："我必须小心点，我不能惹他生气，否则他爆发起来我就不好过。"就像保护一只脆弱的大熊猫。基于这一点，人们不但会改变自己的正常的生活程序，违背自身的喜好，而且要无奈地去讨好他，生怕这位朋友不高兴。

更要命的是，他在朋友圈中变成了一个受照顾的特殊人士。比如，如果知道他是因为什么而生气，为了自己的日子好过一些，有些人只能主动去替他解决本来应该由他自己解决的问题。原因只有一个，不要让他搞破坏。所以，当你的生活中有这样的朋友时，如果不能把他踢出朋友圈，你被情绪攻击的可能性将大大提高。

解决办法：用隔离墙的办法防止受他的影响，并且坚定自己的原则，不去照顾他的情绪。

一般来说，当破坏大王准备操控你的情绪时，他并不会采取强迫的方式。比如，他一脸不高兴，看上去像遭了大难，但他不会直接要求你改变原定计划，而是会说：“嘿，别管我，去享受你美好的假期吧！”听，多么让人感动的话语！但是，等等，一个有责任感的朋友会从这句话中听出一种强烈的指责——我如此难过，而你要去享受“美好”的假期了！再结合他的表情，他所有的肢体动作或面部神情其实都在命令、要求你取消假期，和他一起不高兴。

这时，你所要做的唯一的事情，就是不要改变计划，不要改变心情。我建议你每当遇到朋友破坏式地向你发泄情绪时，象征性地安慰他几句：“真替你难过。”然后按照你原定的计划，该干嘛干嘛。

要知道，假如他第一次成功地破坏并感染了你的情绪——成功地操控了你——第二次和第三次将很快到来，而且强度会越来越大。让那些情绪脆弱的朋友学会在无人聆听的孤独中一个人疗伤，学会为自己的行为负责，并尊重别人的感受。

不是他的错，就是你的错吗?

有些人会突然跑到你的耳边：“喂，反正不是我的错！”这时你知道，他一定做错了某件事，不是失恋了，就是被公司的领导训斥了，或者是生意赔钱了。总之，他遭到了现实的某种惩罚，但他觉得不是自己的责任。

千言万语汇成一句话——他的“不幸”是别人造成的，社会有问题，客户有问题，同事有问题，领导不是东西，甚至你这个好朋友也有问题：“为什么你没有早提醒我？”无论怎么说，他都是没有责任的。这些完美的朋友一事无成，但他又自认为毫无责任，为自己搜罗各式各样的借口，并把这种情绪转移给你。

和这种朋友打交道时，你会发现自己无可避免地深陷于他的内心。他十分情绪化，动不动就会向你讲述他的悲壮心境，寻求你的理解和认可。如果你的同情心被激发，那么“恭喜”你——他将完完全全地赖在你的身上，并且觉得，你负有拯救他的使命，要照顾好他的生活，要为他的错误负责。

解决办法：让他为自己的行为负责，对于他的错误不要报以任何同情。

如果你不想成为他的第二位“母亲”，你就要坚定、冷酷地在中间地带画上一条红线。不要指责，也不要同情他，只需告诉他一件事：“这和我没关系。”用逼迫的方式让他学会对自己的行为负责，去独立承担自己的问题。否则，你所有的好心情——现在、未来的好状态都会背上他这块儿大石头。作为亲密而又有依赖症的朋友，他可能成为你终生的负担。

如何对付“贬损攻击”？

还有一种朋友是我们都很讨厌的，他们经常靠取笑、贬损别人为乐，并从中收获成就感。比如：

“你看你，长得那么胖，就像一头猪！”

“唉，什么时候你能长点心？这么笨！”

“嚯，小子，终于出息了？太阳从西边出来了！”

他们有时并不是故意针对谁，但习惯了长年累月地折损和贬低身边的人来抬高自己，特别是喜欢调侃、嘲讽某一个朋友——这个被贬损的人必定性情温和，平时脾气极好。如果对方因为他这种行为而生气，他们立刻就会故作惊讶状：

“干什么反应这么强烈？开开玩笑都不行吗？”

听起来好像是你不对，你应该全盘接受他的贬损，否则就是你没有度量。如果你强硬地回击，用同样的方式贬损他，他的表现就不会这么大度了，而是会恼羞成怒：“你竟然敢说我？”

当你和朋友的关系过于密切时，这种情况就容易发生。你们平时太亲近了，无话不说，百无禁忌。这种没有边界的友情逐渐让他产生了一种错觉，认为他怎么对你都没关系，反正你不介意，也不会生气。也正是由于你过度地重视双方的友情，你才给了那些喜欢贬人的家伙操控你情绪的机会——他们的目的并非出于友善，而是打击你的自尊心，让你在和他的关系中处于被支配的地位。

在开始的时候，你只会觉得这个朋友喜欢开玩笑，说话口无遮拦。但是时间长了，次数多了，在潜意识中人的大脑会做出一些违反意志的选择，它无条件地相信自己听到得最多的话。假如这个朋友总是贬损你是个胖子，是个笨蛋，是个没有能力的人……如果你不加以反抗，久而久之，你可能真会觉得自己一无是处，在他面前产生强烈的畏惧和自卑感。然后，他就会逐渐发展到干涉你的任何决定，控制你的思考和行为。这正是他想要达到的效果。

解决办法：远离并且孤立他，最好不要和这种人成为朋友。

除非你愿意为了一个不值得的朋友委曲求全地改变自己的人格，否则唯一的选择就是和他保持距离，用各种方式孤立他。比如，不接这种人的电话，有什么事请短信说明；不主动和这种人聊天，保持冷漠的态度；任何事都不向他求助，让他失去作为朋友的重要性。如果这一系列的做法都不能使他修正自己的行为，反而使他变本加厉，除了和他断绝朋友关系，你就再也没有别的选择了。

◎ 与再好的朋友交往也要有底线

和再好的朋友交往也要有底线。如果没有底线，朋友做什么我们就跟着做什么，“近朱者赤，近墨者黑”的说法也就变为了现实。警察如果没有原则，他每天和犯罪嫌疑人打交道，是不是会变成犯罪分子？学习成绩好的人，与学习成绩差的人成为同桌，是不是他的成绩也会变差？正是因为人和人之间存在一些不可逾越的原则，人们才保持了自己的个性，不被对方所改变。

洛杉矶警局曾公布了一个案子：23 岁的菲利普斯持枪抢劫一家便利店后逃亡，躲到了他最好的朋友休恩的家里。休恩为他提供了食宿并劝他自首，两个人就此问题讨论了一周，直到案发后的第八天，菲利普斯才走进警局投案。但是休恩仍然因为包庇的罪名被判拘役 6 个月。

警察的解释是：休恩有足够的时间做出正确的选择，但他没有。面对一个持枪疑犯，他在第一次劝说他自首不成时，就应该及时报警，防止菲利普斯继续危害社会。尽管他最终说服了菲利普斯，但他已构成了事实上的包庇。和朋友相处要有原则，什么事能帮，什么事不能帮，你对此必须有清醒的认识。即便他是你的铁哥们儿，你们两个人为了对方都愿意两肋插刀，做出决定时也要看一看这件事情是否有违原则，是否超越了自己的底线。

法律的底线

当朋友违法犯罪时，你仍然主动或被动地帮助他逃避处罚，你这时帮的就是倒忙，虽然成全了你们的友情，却突破了你自己做事的底线。

道德的底线

当朋友做出一些不道德、有违天理人伦的事情时，你仍然接受甚至参与其中，和他一起从中获利，这时你突破的就是自己做人的底线。第一条是道德的，第二条是法律的，这是两条任何时候都不可逾越的底线。无论我们和一个人的关系多么亲近，他对你有多么重要，在相处中都不可逾越道德和法律的下限。否则，这种行为既是在助长不良行为，也是在危害你自己的权益，会为你的人生埋下巨大的隐患。

◎ 测试：你和朋友的界限有多大？

题目：

1. 当人们来找你讨论一些“麻烦”时：

▲ 你会约定一个大家都方便的时间来讨论。

● 你会提出一个讨论该问题的时间限制。

■ 你没有犹豫，立刻就投身于讨论中了。

2. 依你的体验看，朋友对你的幽默是用来：

▲ 与你分享快乐。

● 贬损你。

■ 向你表达一种隐晦的真相。

3. 当人们向你请求帮助时：

▲ 你会告诉他们自己需要时间考虑。

● 你立刻就答应了。

■ 你发现人们从来都不需要请求你。

4. 朋友对你最经常做的事：

▲ 批评你。

● 赞扬你。

■ 接受你。

5. 你在家的时候如何接电话：

▲ 你总是会接，不论正在做什么。

● 只有当你方便的时候才接。

■ 总是不情愿地接。

6. 和关系亲密的朋友待上一段时间之后，你通常感到（可多选）：

▲ 生气。

● 受伤。

■ 很开心。

★ 累。

◇ 对方感激你。

◆ 你感激对方。

7. 朋友看重你是因为：

▲ 你很少要求他们为你做什么。

● 你总能给他们带去快乐。

■ 你倾听他们的心声。

8. 下面这些选项，请根据你的想法选择“是”或者“否”：

▲ 人们（朋友）总是利用你。 是 否

● 你很容易表达爱。 是 否

■ 你很难说“不”（拒绝）。 是 否

★ 你习惯于隐藏自己的真实感受。 是 否

◇ 人们（朋友）总把他们的不良情绪倾倒在你的身上。是 否

计算你的分数

在下面的图表中圈出你的答案，再计算出你的得分。

问题	▲	●	■	★	◇	◆
1	3	2	1			
2	3	1	2			
3	2	1	3			
4	1	3	2			
5	1	3	2			
6	0	0	3	0	0	0
7	2	3	1			

8	是 =1	是 =3	是 =1	是 =1	是 =1	
	否 =3	否 =1	否 =3	否 =3	否 =3	

分析

1. 得分区间：11 ～ 20 分

你是一个对待朋友倾尽热情的人，非常慷慨地给予朋友足够的时间和支持。你们的距离很近，几乎没有界限，人们不断地来打扰你、请求你，而你来者不拒。遗憾的是，你所得的回报甚微，他们并没有和你互惠互利。相反，你的朋友具有侵略性，对你以索取为主。这说明他们在和你的关系中占尽便宜，我们要做出大幅度的改变，和朋友间划立界限，不再被他们支配。

2. 得分区间：22 ～ 30 分

你对人和人的界限有些模糊，有时你忽略了那些互相尊重的关系，把精力投放到了一些不值得珍惜的人身上。你需要对自己的朋友关系列一张清单，把它们划为不同的类型，比如升级、丢弃等。我们要学习分辨哪些关系需要升级，哪些关系需要丢弃。同样，我们要明确界限的概念，然后把现实中高质量的关系保持下去。

3. 得分区间：31–36 分

在和朋友的相处中，你对界限的处理十分得体，为自己设立了坚固、清晰而有原则的保护区，防止那些浪费时间和发泄情绪的人进入私人空间，同时也为优质的朋友展示了你良好的个人魅力，可以吸引到对你感兴趣并愿意平等相处的人。你能够对自己负责，可以灵活、有度地处理好自己的社交。

测试建议

根据测试的结果，采取六个步骤来帮助自己确立人际关系的界限：

第一，辨别并采取特定的明确行动

对所有的朋友和亲人，那些至今为止对你而言仍然重要的人，要先去辨别他们的言行有哪些伤害到了你，或者使你不高兴。据此，再采取特定、明确的行动，制定富有针对性的策略。比如，对打击你信心的朋友，你要明确地告诉他别再这么做，因为你很想做成一件事。征求他的理解，并观察他的后续行动。

第二，开始对那些不合理的请求做出回应

要鼓起勇气，对那些不合理的请求或打扰说“不”，用坚定的态度给予回应。即使对方的请求是有道理的，如果你没有时间或没有心情，也要毫不犹豫地拒绝。比如你可以这样说：“非常抱歉，现在不合适。”或者：“对不起，我做不到。”

第三，列出你不喜欢看到或听到的事情

列出所有你不喜欢的坏习惯或恶劣的行为（出自朋友）。比如不停地抱怨某些事物、喋喋不休地指责别人、背后说别人的坏话，或者在聚会时过于轻浮等。

第四，列出你不希望朋友对你做的事情

列出所有你不希望朋友对你做的事情（朋友可能激怒你的行为）。比如他不负责任地做错事情却不停地找你擦屁股、粗鲁地贬损你，或者对你进行金钱上的欺骗等。

第五，列出朋友之间讨论的禁区

列出所有朋友不能对你说或者谈论的与你有关的事情（你的私人空间和禁忌话题）。比如你失败的婚姻、某些不方便说的隐私、有伤大雅的缺点等。要明确这些问题的红线，哪些是能说的，哪些是绝对不能说的。

第六，提升自己的标准并且严格地自我要求

最后，当你对朋友设置了非常高的标准，并建立了严格的界限

时，这意味着你也要对自己严格要求，设置同样高的标准。你不能成为自己不希望朋友成为的人，也不能突破朋友的界限，最终才能实现和朋友互相尊重的平等状态。

第四章 “深耕”有价值的社交

◎ 建立安全、放松和舒适的社交关系

交心的朋友不必多，几个就好

我们经常会听到别人的感叹：“能交到几个不离不弃的好朋友真是不容易，很多人走着走着就散了，成了一生的陌路人。”很少有朋友是真正能交心的，大多都是几个月或几年的“短期伙伴”。

的确，我们从小到大和成百上千的人说过话、见过面、上过学、共过事，手机里存着彼此的电话号码，社交软件上关注着对方的信息，可真正能称为朋友的又有几个？多数人只是出现在我们生命中的某个时刻、某个阶段，并在利益交叉的时候成为朋友，利益没了，关系随即终止。就像坐公交车一样，到站下车，下一站又有新的人上来，人人都是过客。

最后你会发现，一起走了这么多年还没散伙的，也就那么几个人。而在这有限的几个人里，能交心的好朋友就更加屈指可数了。

在十年前热播的国产电影《手机》中，严守一对朋友的定义是这样的：一，可以毫无顾虑地向对方借钱；二，可随时打电话骚扰，即便是半夜三更。我们排除掉那些精神层次上的要求，按照这个标准，人人都可以自问：我的朋友符合这个条件的有几个？我敢保证，

很多人一个都没有，他们翻完通讯录后的表情是一脸茫然。

1. 朋友贵在质量，不在数量

生活中经常有人为自己广交人缘的豪迈作风而沾沾自喜，他们当然有许多的朋友，但这没什么可骄傲的，因为朋友贵在质量，不在数量。你可以与十个人喝酒唱歌，却很难与十个人交心。同在一张桌上的十个人中，也许除了一两个，其他人都不真诚，起码对你是这样的。对此有人感叹说：“熟人越来越多，朋友反而越来越少了。”

在北京一家外企做高管的杨先生说：“工作日几乎天天有饭局，甚至连周末都被应酬占满了，所以很少有时间思考朋友质量的问题，等到独处的时候才发现自己如此孤单，根本没什么真正意义上的好朋友。”

杨先生今年 35 岁，一个人租住在北京二环的高档公寓，平时接触的都是高端客户，公司里的同事也都是竞争关系，生活中能和自己在经济、精神层次达成一致的朋友少之又少。

“上个周末我过生日，想约几个人吃饭庆祝一下，毕竟一个人过生日太可怜了，结果翻遍了通讯录，却不知该打给谁。大部分人是我的客户，只有生意关系，平时一起吃过工作餐，但私下从无往来；在可联系的朋友中，一些人已经是孩子的父亲，周末肯定要陪孩子陪老婆，不会陪我这个光棍打发时间；有一些倒是单身，以前的关系也还不错，但许久没联系了；还有的人估计会赶着来赴约，但我总觉得对方的目的不单纯……”说到这里，他只有苦笑。

我们每个人都有渴望知己陪伴的时候，特别是在一些具有特殊意义的纪念日、节日，一个人感觉孤苦伶仃，无聊郁闷，如果有人能够陪自己聊聊天、吃吃饭，互相倾诉一下生活和工作中的苦恼，彼此提一些建议，就不会感觉那么孤单。但是现实很残酷，在过滤掉那些不合适的人名以后，你会发现自己根本没有一个可以联络的对象。为了避免无效社交所带来的麻烦，甚至是尴尬，最终也只能是选择一个人度过了。

这种情感上的顾忌会随着我们年纪的增长而变得越来越深刻，对于社交的各种考虑也会越来越多。在熟人越来越多时，我们就越发感觉自己根本没有朋友，特别是能互相说些真话的朋友。

塞勒尔在总结这种现象时说：“不仅出于关系上的考虑，一些客观因素也在左右社交的发展。比如工作地点的变化、财富等级的区分，一个经常出差的人很少有时间维护他的友情，一个富翁也很难和一个穷人成为朋友。这些都让社交的范围越来越小，同时竞争的加剧也让人们难以交心了。”

2. 有三到五个能交心的朋友，享受轻松的社交

人类早在几千年前就发现了社交的功利本质，并有了“君子”和“小人”的辩证。因此你会发现，在社交时，人人都遵循着“我要留一个心眼”的潜规则，警惕那些意图利用和欺骗自己的人。我们不会对任何人说实话，即便他是自己最好的朋友。这与传统的教

育也不无关系，从很小的时候，我们就被灌输“人心隔肚皮”“害人之心不可有，防人之心不可无”等功利观念，这些都会导致人们对社交活动的提防，客观上使得能够交心的朋友越来越少。

现在，互联网拉近了世界的沟通距离，加快了沟通的速度，但同时也推远了人们的心理距离，在人们的地位、身份、背景的不同环境下，我们再也难回到那个朴素纯粹的年代。

人们在做着不同的工作、拿着不同的薪水、过着不同层次的生活，阶层利益使人们不再发出一样的声音，而是人人都最大限度地维护自己的权益，为自己的利益发声。同时，我们还要“留个心眼”，防范着别人的不良居心。每个人都变成了仙人掌和刺猬，甚至恨不得在对方的脑袋里装一个窃听器。这样的关系模式，怎么会发展出真正的友谊?

很多时候，人们甚至都分不清哪些人才是自己的朋友。因为诸多的关系纠缠在了一起，朋友、同事、上下级、客户、搭档……社交关系因此变得复杂而又无限地牵扯精力。你稍不留神，就可能因自己的警惕或麻木而失去一份真正的友谊。

机会空间在扩大，生存空间却在变小。这是现代社会的一大特征，人人都变成了重压之下的乌龟，身上背着重重的大山，交友时间被挤压得所剩无几。每个人都住在自己的房子里梦想着“升官发财”，却又不愿意多走出一步，不愿多花几分钟和自己的邻居打一个招呼。因此有人说，小孩和老人才有时间交朋友，而年轻人都在抱怨。

年龄越大，对朋友数量的要求就越少，对朋友质量的要求就越高。在社交中你总是能感到一条真理：人并不需要太多的朋友，只要有三到五个可以交心的就够了。尤其随着年龄的增长，你就会发现独处和清静是多么珍贵。在一种平静的氛围中，我们要缩小社交的范围，去结交真正可以在心灵层面沟通的朋友，享受轻松的社交生活。

安全感来源于信任

你对于自己朋友的安全感来自哪些方面？

在美国，人际关系学家们将“人际关系网”的模型比作金字塔：

处在第一层也就是塔尖的人最少、最珍贵，是我们真正的朋友。

处在第二层的是伙伴型朋友，你们经常一起聊天、吃喝、游玩，有共同的兴趣，但你们只限于普通的交往，达不到可以交心的程度。

第三层是合作型朋友，这种朋友偏重于工作上的交往，也许你们的性格未必合拍，但在工作上却可以默契地合作。

第四层是功利型朋友，即为了利益才走到一起的朋友，这一层的人数是最多的，有利则来，无利则去，他们也是最不值得我们付出时间和精力的。

对于好朋友的定义，我们曾经在洛杉矶的街头发起一次随机调查。多数受访者认为，所谓的好朋友，首先要满足“值得信赖”这一条标准。如果一个人不值得信赖，那他就不会被划分到好朋友的领域。排在第二位的是“关键时刻能够帮得上忙”，几乎所有的受访者都表示自己非常看重这一条，如果一个朋友关键时刻总在躲避，需要帮忙时找不到他了，说明这个朋友根本不值得结交。最后，被广泛认同的条件还有“互相坦诚”“了解对方”“不牵扯利益”等。这些所有的因素综合起来，都指向了一个关键词：信任。

人们为什么如此重视朋友之间的信任？

一位叫泰勒的受访者对我说：“你如果借钱给朋友，首先得相信他会还，否则你根本不会借给他，没有信任就等同于冒险，那就不是借钱，而是有借无还的送钱。”也就是说，信任才能给他安全感。

信任确实是一个很现实的问题，就拿“互相坦诚”这一条来说，如果你认为对方是一个不能保守秘密的人，你会愿意把自己的事情告诉对方吗？如果你感觉对方对你总是有所隐瞒，你还会对其知无不言吗？再假如，对方曾经骗过你，你还会像以前那样信赖对方吗？答案必然是否定的。

1. 人和人缺乏信任是致命的：没有信任，也就没有关系

温明娜上星期和男朋友分手了，原因是她对于这份感情太缺乏安全感。温明娜的男朋友长得很帅，身材高大，人也非常幽默和热情，特别讨女孩子的喜欢。她当初和所有喜欢他的女孩一样，正是

被他的这些优点所吸引。然而在成为情侣后，这些引人注目的优点却成了温明娜心中的一根刺。

“他是个非常有自知之明的人，对于自己的优点一清二楚，而且常常拿来炫耀。”温明娜不无嘲讽地说，“不知道他是真不在乎我的感受，还是故意为之，他常常向我炫耀自己多么受女孩的欢迎，今天又有哪个女孩主动跟他搭讪，哪个女孩想要约他吃饭，甚至他还会把自己跟别的女孩的合照给我看。为了自己的颜面，我只能一边假装不在乎，一边提醒他不要做得太过分。尽管他向我保证自己不会对别人感兴趣，只爱我一个人之类的，但这并不能让我安心。他非常喜欢玩手机，我们在一起的时候他也会不停地玩，然后就一个人发笑，有时还会避开我去一旁小声接电话。他的脸书（Facebook）有几万粉丝，但绝大多数都是女孩，她们每天都在他随便发出的一条心情下评论，很多都是露骨的示爱，但他并不避讳，还经常和她们暧昧地互动。我从没发现自己对一段关系充满如此强烈的不安，我们因此常常吵架，他觉得我不信任他，还觉得我是在无理取闹。当我告诉他我缺乏安全感时，他却让我不要想得太多。可是，真的是我想得太多了吗？”

从温明娜的故事中，我们足以看出缺乏信任对于人和人关系的杀伤力。比如情侣之间如果缺乏信任，安全感会第一时间拉响警报。这个问题不解决，他们的关系将无法维持下去。其实并非是温明娜想得太多了，而是她的男朋友做得不够好——如果这个男人能够“安分守己”，收敛自己的言行，让温明娜感受到足够的安全感，做一个合格的男朋友，我们相信她是不会无端生出诸多猜疑的。

在很多人际关系包括恋爱关系中，一方带来的不安全感，都是导致另一方出现不信任问题的最重要的一个原因。而那些能提供给另一个人足够信任的恋人或朋友，通常都会保持长久的关系，他们的情感体验也会更好。对于恋人或朋友来说，道理都是如此。

2. 信任也决定了我们对一个人的“人格评判”

信任除了涉及人和人关系的深浅以及未来，还关系到我们对一个人的人格评判。我们对一个人的信任度很低，对他的人格评价势必也不会高，反之亦然。

一个人的“先天性格”加上“后天学习的做人哲学”就构成了“人格”，与生俱来的东西我们是无法控制的，我们却可以在“做人哲学”上苦下功夫，来弥补和重塑我们内在的精神品格，提升自己的“被信任感”。信任，作为完美人格中不可或缺的部分，是我们必须学会的人生哲学。这关乎一个人的做人准则——你会用什么样的道德标准去为人处世，为了这条准则愿意放弃什么、付出什么。

在社交中，我们都愿意与正直的人交朋友，这是因为正直的人不屑于使用心机，他们的城府浅，有话直说，不搞弯弯绕，所以在交往中令人信任。与这样的人交往，就像在照一面镜子，你可以从对方的处事方式中看到自己的不足，从而改正自己的缺点。反之，那些富有心机和城府颇深的人是我们敬而远之的，他们擅长阴谋诡计，那些手段通常是我们不擅长或者说对之感到不齿的。和这样的人交往，一方面你会觉得非常不安全，毕竟不知什么时候，他们就会把这些骗人的经验用到你身上；另一方面又会觉得不体面，因为你和这样的人做朋友，就等于在婉转地告诉众人：我们是同样的人。

因此，在和他人交往的时候，我们一定要考察一个人的“可信任度”。

a. 从一言一行中判断对方的“可信任度”

你可以观察对方的言行，看他对于诺言的履行能力，看他如何评价另外的人。从这些小细节中，我们通常能够发现有力的“证据”。如果发现这个人不值得信任，无论对方多么擅长花言巧语，你都不要轻易地相信，还是那句老话——“听其言，观其行。”不要看一个人说了什么，而要看他做了什么。

b. 时刻记得“回报信任”，因为信任是相互的

社交是一来二往的活动，不能靠单方的热情交到朋友。如果一个人对你展示出信任，作为回报，你也应该给予足够的信任。就像往一个情感账户中存钱一样，你们互相存的信任多了，关系自然就好了，也就有了坚不可摧的安全感。等到你遇到麻烦的时候，信任度的多少，决定了你会获得多大的帮助。

互相尊重，亲疏随缘

在《爱与孤独》中，周国平说：“互相尊重，亲疏随缘。”谈到自己的交友观时，他更是有一番精彩的论述：

“在一切人际关系中，互相尊重是第一美德，而必要的距离又是任何一种尊重的前提。使一种交往具有价值的不是交往本身，而是交往者各自的价值。在交往中，每人所能给予对方的东西，绝不可能超出他自己所拥有的。他在对方身上能够看到些什么，大致也取决于他自己拥有些什么。高质量的友谊总是发生在两个优秀的独立人格之间，它的实质是双方互相由衷地欣赏和尊敬。因此，重要的是使自己真正有价值，配得上做一个高质量的朋友，这是一个人能够为友谊所做的首要贡献。”

互相尊重，其实讲的就是友情的平等性，也是所有人际关系的内核。两个人彼此独立，谁也不渴望从对方身上获得什么，只从自身的方向加倍努力，让自己更加“配得上”对方，而不是强求对方屈从于自己。

在很多不健康的社交关系中，交往双方的地位是非常不平等的，或一方过于强势，或一方太过卑微。总之，有一方总会被另一方低看，而一方又会对另一方仰视。这样的关系注定是不会长久的，除非一方有着对“奴性”的酷爱，在他们之间，“相互之间的尊重”

并不是必需品。

1. 有耐心，而不是急切，这适用于任何事

在两个人的交往中，有耐心是很重要的。没有耐心，你可能做不成任何事，也很难对友情有深刻的理解。所以，千万不要急于确定对方是否适合自己，是否算是真正的朋友。因为仅凭几句话、几件事，或者一两次简单的合作，我们还看不出对方到底是一个什么样的人。由于一次偶然的事件就完全否定对方，你很有可能失去一个值得结交的朋友。

对于友情，永远不要持有“迫切”的情绪，一切珍贵的友谊都需要时间的见证。越是过早地对一个人下定论，就越容易犯下让你后悔莫及的错误。毕竟在短暂的接触中，对方不可能把自己的所有面都向你展示出来，你也不可能凭借眼前所看到的就断定自己已经看穿了一个人的本质。

我们对待朋友、对待事物都要有一切随缘的心境，耐下心来和一个人慢慢交往，来的时候不需要紧紧地抓住，走的时候也不要过于悲伤。这才是应该坚持的原则。

2. 用随缘的态度，给予他人最基本的尊重

在生活中有很多第一印象和心意验证失败的例子。一开始的判断是积极的，双方的友谊十分单纯，随着时间的推移，人们慢慢地

发生改变。面对利益，双方产生了不可调和的分歧，一方的利益受到损害，就导致了彼此友谊的破裂，然后就会反目成仇，互相攻击。在今天的世界，我们对这类事情恐怕已经司空见惯。

如果你不幸遭遇到这种变故，最好的态度仍然是“一切随缘”——什么都不要做，因为当友情的方向发生错误时，你越做越错。也许你想努力去挽救什么——这通常没有任何意义，友谊的裂痕即使能修补，也会在彼此心中烙下印记。当日后再次发生冲突时，这些不良的印记就会被翻出来，随时成为讨伐对方的工具。你也不要为即将失去的友谊愤愤不平，即使你是受害的一方。始终深陷在怨愤的情绪中，只能让你更痛苦，还会浪费无数美好的光阴。

遇到这种情况时应该怎么做？我的建议是：用尊重的态度对待双方的关系，用随缘的原则处理双方的纠葛。站在对方的立场想一想你就明白，每个人都有自己的难处。你不是对方，永远无法真正体会他的处境。因此，我们怎么能强求对方牺牲自己的利益？

所以，在社交中要做一个光明磊落的人，别计较那些琐碎的恩恩怨怨。不论对待工作，还是对待社交，都要潇洒一点：该来的不拒绝，要走的不强留，无缘的不遗憾，有缘的要珍惜。能做到这四点，你就会得到人们的尊敬，同时也会获得内心的平静。

“忠诚”不是感情的负担

机构顾问德弗雷曾经做过一个女孩朱莉的心理咨询，朱莉前阵子交了一个男朋友，自己非常喜欢他，两个人感情也很好。她有一个闺密叫作安娜（化名），两个人年龄相仿，志趣相投，下班后经常一起玩，互相诉说心事，一起分享自己的生活，可谓无话不谈。她们是非常要好的朋友。不过，女孩子之间的友谊总是避免不了攀比的成分。朱莉一向认为安娜比自己优秀，因为她长得比自己漂亮，家境比自己好，性格比自己开朗，朋友也比自己多。平时和安娜在一起时，朱莉总觉得自己稍逊一筹。但是男朋友的出现，却让朱莉感觉自己终于要扳回一局了。

为了炫耀自己的男朋友，朱莉经常在两个人约会的时候叫上安娜，话语之间总是有意无意地提到她和男朋友的那些甜蜜时光。每次看到安娜羡慕和嫉妒的表情，朱莉的内心就产生一种窃喜和得意的满足。

目前为止，这场“战争”是朱莉赢了，她只要能适可而止，就能够一直享受这种幸福的喜悦。但是朱莉却冒出了一个“大胆”的想法：她想考验一下自己的男朋友是否忠诚。

为此，朱莉确实想出了一个主意，而且是个馊主意。她经常约安娜一起进行“三人约会”，然后故意找借口离开，留下空间给男友和自己的闺密单独相处。考验了一段时间后，朱莉发现两个人都没有异常的举动，甚至都刻意保持着距离。于是，她便得意地以为自己的小心机是有效的。

殊不知，就在她创造的这些机会中，安娜和她的男友两个人早已互生好感，而且留了联系方式，私下里也已经交往了很长的时间。之所以没有对朱莉说破，是因为他们还没找到合适的时机。几个月前，陪朱莉过完生日后，两个人终于下定决心告诉她真相。

“我不相信他们会背叛我，很长时间都不敢相信，这是一场噩梦。直到听说他们要订婚了，我才彻底从愚蠢的状态中醒悟过来。就因为在乎那点该死的‘忠诚’，我失去了自己的男朋友，也失去了一位好朋友，我还被人形容是‘得了失心疯的女人’……我想我这辈子都不会原谅自己的愚蠢了。”

在解决她所面临的情绪问题的过程中，朱莉坦诚：她在做出考验自己男朋友的决定时，其实也想试探一下安娜。不然，她完全可以换一个职业点的陌生人来做这件事。对于这个决定所附加的风险，她自己也是仔细衡量过的。只是她抱着太强烈的侥幸心理，以为那些风险一定不会发生在自己的身上。

对于朱莉的遭遇，我们除了表示遗憾外，同时应该注意到一个问题：越是美好的东西，它的本质越是脆弱的，就像珍贵无比的“忠诚”。朋友之间的忠诚度培养起来需要几个月甚至几年的时间，而毁灭它仅仅需要几秒钟，比用水果刀切开一个苹果还要简单。如果为了把一种东西紧紧抓在手里而去试探你的朋友，结果很容易像朱莉的遭遇一样，鸡飞蛋打，人财两空。

1. 永远不要强求对方的忠诚

在面对感情时，人们很容易就陷进一种固执的、古老的“情结”，即要求对方必须忠于自己——有时候这种忠诚是无条件的。光是对方承诺了还不行，自己非要以身犯险，企图用一种“神不知鬼不觉”

的手段去验证和考验一下双方的关系。但“情结”这种东西，只是一个人的头脑中难以放下的某种情绪，它只能用来“难为”自己，无法用其约束别人。

人心本就难测，如果有人愿意许你以忠诚，你就要倍加珍惜，而不是把它当作一种“既定”的约束力用来监视朋友。俗话说，“夫妻本是同林鸟，大难临时各自飞。”这句话听着不舒服，但它之所以能流传下来，自有其一定的道理：随着环境的变化，人与人的关系也会发生改变。

在一个正常的环境中，人们的基本利益和安全感有所保障，每个人都能维持自己的底线，与他人友好相处，尽量展现自己的善良；但如果放到一个极端的或者恶劣的环境中，人们失去安全感、利益严重受损时，这时不需要别人推波助澜，人们也能做出令人难以置信的事情来。在非正常的环境下，道德约束就失去了作用，人际关系的所有逻辑都被改写。至于忠诚，没有人能够彻底掌控一个人的内心。

2. 任何关系都有它的承受极限，包括爱和友谊

因此，不要轻易把人的本性置于极端的环境里面去考验——尤其是人性中善良的部分。这就好比你能吃饱喝足的时候，绝对不会考虑“吃人”是什么味道，你甚至会考虑做一些慈善活动；但如果把你置于一个密闭的环境中，没有食物，没有水，只有一群人，当人们饿极了，被生存严重逼迫的时候，人性中那些被隐藏的“恶意”

恐怕很快就会暴露出来。

在社交关系中，不管是友情还是爱情，能够成功地维系下来，靠的就是相对平衡的环境以及基于安全建立的信任感，不管你出于什么心理，即便是怀有善意的好奇心，也不要利用这些珍贵的东西去试探别人。特别是与忠诚有关的部分，它在本质上非常脆弱，一点风吹草动就容易崩塌。

有句话说，“光明和黑暗谁赢了？我想是光明，因为最初是没有光明的。但如果误以为光明是理所应当的存在，那么你得到的就只能是黑暗。”朋友之间的忠诚并不是必然存在的。我们人性中一切光辉的部分——爱、忠诚、善良、信任……如果你以为是理所当然的，那就一定会被最后的结果所伤害。因此，不要让“忠诚”成为你和朋友间的枷锁和负担。

不要把“控制”或“干涉”视作理所当然

人们在一段亲密的关系中，总是会情不自禁地想要“把控”一些东西，比如把自己的观念灌输到别人的头脑中，让别人按照自己的想法去做，希望对方在关键问题上向自己屈服等。

这不是个好现象，因为你正在侵犯别人的领土，侵入的很有可能还是别人无法容忍的禁区。过于亲密的关系让你失去分寸，失掉对距离的敬意。也就是说，不到万不得已，不要试图去控制或干涉朋友的决定。

有时，仅仅是一件微不足道的小事，却触碰了别人的敏感地带，当你不厌其烦地强行干涉时，破坏友谊的种子可能已经埋下了。“维持亲密关系的最好的办法不是频繁联系，而是往来有节，互不干涉。”塞勒尔说：“用开放的心态和别人交流，尊重对方的自主权，才能交到优质的朋友。”

1. 不要成为一个“专断”的朋友

喜欢干涉或控制一切的人通常不受欢迎，即使他在其他方面有着过人的天赋，人们也不愿意和这样的人待在一起。

作为苹果公司曾经的创始人之一，罗恩·韦恩大概已经被人们遗忘，他曾经和乔布斯等人联合创办了苹果公司，但因为乔布斯这个人非常难以相处，罗恩·韦恩以 800 美元的价格贱卖了自己持有的 10% 的苹果股份。按照今天的市值，这些股份的价值已经高达 350 亿美元。但对于这个“昂贵的错误”，罗恩·韦恩表示自己“毫不后悔”——这个决定令他摆脱了乔布斯的独断专行，从而能愉快地去做自己喜欢做的事情。

在评价乔布斯时，罗恩·韦恩形容他是一个“不善社交的控制狂”——如果让他在乔布斯和冰块中选择一方取暖，他一定会选择躺在冰块上。“他非常专注而果断。如果他想要达成某项成果，你绝不要希望挡住他，不然你的额头会被踹到留下脚印！”罗恩·韦恩毫不避讳地说。

乔布斯是一个商业天才，但他不是一个好朋友。生活中很多人都是某种程度上的“控制狂”，通常越是本事大的人，试图控制一切的症状就越严重。因为他在某个领域拥有权威，这种特性很容易延伸到其他的方面。

2.“控制欲”是杀死一切关系的罪魁祸首

蔡先生认为自己活在一种“牢笼关系”中。他经常向朋友抱怨他的太太，说她是一个超级严重的控制狂，自己不管做什么，她总是不由自主地横加干涉。因此，只要太太一回家，蔡先生就感觉浑身紧张，在自己的家里丝毫轻松不起来。那是一种足以让人窒息的不适感。

蔡先生的太太在一家公司担任高管。她的工作能力强，精力旺盛，喜欢事必躬亲，还爱给别人上“教育课”。但她常常吃力不讨好，别人对她的“热心建议”并不领情，有的同事还在背后嘀咕：“怎么这么爱管闲事，以为自己是地球的中心吗？”她对朋友的事情也非常关心，大事小事都喜欢插手，替朋友做决定，此举也让朋友们十分反感。

但她对此却一肚子的委屈。她总是跟蔡先生抱怨：“我还不是为了他们好？真是‘狗咬吕洞宾’！”她认为自己没错，因为动机是好的。

蔡先生非常理解自己太太的同事和朋友们的反应，因为她的控制欲实在是太强了。在单位中的事情他不太了解，但在家中，他却清晰地感受到自己的老婆就像一台电脑，精密地控制着一切。

“孩子每天要几点吃饭、几点起床、几点写作业、几点锻炼，她都写在一张表格上，像控制工作进度一样，她严格掌握着时间，孩子完全没有自己做主的权利。我每天要做什么她也有自己的主张，如果少做一件或者做错一件，她就会大发雷霆。而且，她好像特别喜欢给别人挑毛病，有严重的强迫症，有时我真感觉受不了，特别想离婚。”

对于蔡先生太太的这种表现，我们在生活中很常见，每个人都有一个想当“朋友圈指挥官”的朋友。对此，德弗雷说：“如果一个人经常用‘如果不……就……’的句式，那他可能就有点控制狂的倾向。这种表现是不由自主的，他本人可能并没有意识到。在本质上，控制欲望源自内心的焦虑，他害怕自己不插手的事情会出错，害怕自己熟悉的秩序会失控，从而引发更多的麻烦。这种症状只能通过自我调节，管好自己的事情，不要总干涉别人，更不要把自己的期望投射在他人的身上。”

优质的朋友会帮你释放压力

我们对朋友最日常的诉求是什么？或者说，我们为何希望交朋友？答案其实很简单，就是“陪伴”与“解忧”——这是我们对朋友最原始的也是最基本的需求。当自己感到苦恼时，我们会第一时间想到与朋友分享，让朋友帮自己分析、纾解和支招，在诉苦与倾听的过程中，压力就会释放出去，内心的痛苦也就随之减轻了。

不过，这是针对优质的朋友来说的，有些朋友看似与你站在一条战线上，说出的话都是火上浇油，出的主意都是损招。你把自己的烦恼倾吐给这样的人，搞不好问题没解决，又被注入了新的烦恼。

在北京某公司上班的可可近日想辞职，因为工作辛苦，薪水又不高，每天压力山大。可可把自己的想法告诉了最好的朋友露露，并且向她大倒苦水：上司是个工作狂，经常让我们加班；公司的规章制度很严格，没有不得已的理由不准请假；迟到早退要罚钱，奖金却经常克扣……总之，她在这家公司实在不想待下去了。

露露作为一个旁观者，听得义愤填膺。对于可可辞职的想法，她简直一万个赞同，恨不得好朋友连招呼都不打，直接炒老板的鱿鱼。

但辞职不是递交一封辞职信这么简单的事。由于可可的岗位比较重要，她需要在公司招到新员工、完成必要的工作交接后才能正式离职。这个过渡期一般需要一个月的时间。可可在有辞职的想法之前，已经与其他的公司联系过，有一家公司开出的条件非常好，但希望她能尽快入职，最好一周内就过去。一方面，她不想错过这个机会；另一方面，现在的公司暂时不放人，这让可可很苦恼。她就把自己的这些麻烦告诉了露露，为的就是能从朋友这里得到一个两全其美的建议，就算露露也没有什么好主意，能够安慰一下她也行。

露露的情绪被她的遭遇完全调动了起来，似乎身陷抉择困境的人是自己。她对可可说："反正都要离职了，跟前公司还有什么仁义可言？早脱离早解脱。你若再拖延一个月，搞不好新机会白白溜掉了。你知道吗，现在找工作是很困难的！听我的，明天下班前收拾好东西，留下辞职信，后天就直接不去上班了。如果上司打电话询问，你就说自己已经辞职了，让他们另请高明吧！让老板平时不珍惜你，现在就得给他点颜色瞧瞧！”

露露的话确实解气：宁可扔掉一个月的薪水，也要赶紧脱离“苦海”。可可一肚子的闷气消散了很多。但是她仔细衡量了这么做的后果后，觉得露露的办法不是太妥当，于是第二天照常去上班。她计划按公司的规章制度走，站好最后一班岗。露露得知她还没辞职的消息，简直比可可还着急，有些责怪地说：“你怎么还不行动？”她觉得可可太懦弱了，竟然连“炒老板鱿鱼”的勇气都没有。

遭到好朋友的指责后，可可感觉自己更加烦恼了，压力更大。当天晚上，她给自己已经退休的父亲打了一个电话，述说了自己的苦恼。听完女儿的叙述，年老的父亲非常慎重地告诉她：

“孩子，幸亏你没有听取朋友的建议，如果真像她说的那样去做，看起来是很洒脱，但你可能会为自己的将来埋下一个潜藏的错误。你仔细想一想，每个行业的圈子都不大，很多公司的老板都互相认识，有些还是朋友，你在这家公司的表现，很快就会传到新老板的耳朵里。虽然现在的公司将成为你的前东家，但你敢保证以后不会再打交道了吗？既然现在的公司提出了一个月的过渡期，你就要做好在这个公司的最后一件工作，直到可以离职了为止，如果随随便便就耍小性子，对该做好的工作撒手不管，这是不负责任的做法，不管走到哪里，哪个公司都不会喜欢不负责任的员工。对于新公司，你可以把自己面临的问题诚实地告知，希望能得到他们的谅解。不要害怕失去机会，做一个坦坦荡荡的人反而会为你增加分数，用人者都更加看重员工的人品，这是比工作能力更宝贵的品质。你有一个愿意和你分享想法的朋友很好，她能为你分担烦恼，但责任是要你一个人去背负的，所以，我们要学会分辨和思考，而不是任由朋友给你增加额外的压力。”

我们每个人基本上都有露露这样的朋友，在遇到麻烦时会和我们统一战线，与我们同喜同怒，同仇敌忾。有时，他们看上去是在“替我们着想”，说的和做的全部站在我们的角度和我们的立场，如果不仔细思考，我们会毫不犹豫地认为就应该这么干，但如果慎重地思考和分析，你会发现那些都是不负责任的宣泄，对于减轻压力和解决问题的实际意义不大。他们的建议看起来是在减压，其实却适得其反。

真正优质的朋友应该像沙发一样，安全、舒适、能够为你释放压力。他可以开导你，并提出理性的建议。好朋友就是不管两人住得多远，都可以在凌晨三点把他叫醒，分享你的喜怒哀乐的人，而不是让你产生新的困惑的人。翻开朋友名录看一看，当你心情极度沮丧，想找一个人倾吐心声时，谁最能为你解忧？

既是良师，又是益友

大凡有成就的人，他们在自己的生活和工作中，都有一个或几个良师益友式的朋友。对他们而言，这样的朋友不仅仅是自己学习的榜样，还是鼓励和指引他朝着正确的方向不断前进的信号塔，是关键时刻可以指点迷津的“明白人”。

例如，“股神”巴菲特曾经在许多场合公开感谢过自己心目中的英雄、也是他的良师格雷厄姆。从格雷厄姆那里，巴菲特学会了非常重要的经验。他说：“我开始明白股票是怎么回事，股票不是产品，而是商业；价格的波动不是敌人，而是朋友；投资时要设置必要的安全边际等。”可以说，巴菲特的价值投资理论就是来自格雷厄姆。对巴菲特而言，他是不折不扣的良师益友。

作为最近十几年和我关系最亲密的人之一，史密斯也是我的良师益友。我有一次开玩笑地对他说：“你是一个很不错的合伙人，是我的朋友，但距离良师益友这个级别还有很远，我希望你继续努力。”这句话代表了我与史密斯的关系，既有事业合作的一面，也有朋友之间可以互相调侃的一面。

实际的相处中，史密斯有一个特点——他凡事喜欢从商业的角度考虑，总能做出利益最大化的建议，他支持冒险，但又擅长分析风险的大小并制定多份预案，帮助我们采取最符合实际的经营策略。但作为优质的朋友，只从商业的角度思考问题是远远不够的。因此，在我遇到生活问题时，史密斯也经常能站在一个相对理性的视角替我出谋划策。在我融入当地文化的过程中，他发挥了引领者与润滑剂的作用，充当了我与美国文化的缓冲器，在居住、生活和方方面面的事项中，他都提供了有益的建议。

既是“老师”，又是“朋友”。我们都需要为自己找到一位这样的知己，数量不需要太多，即便只有一个，也足够我们受益一生。

◎ 三观趋同是持久有效社交的基石

有足够的能力或者潜力，去匹配对方的能力

如果你和一个人有着非常悬殊的贫富、学识或性格差距，你们还有没有办法长时间做朋友？对这个观点，塞勒尔的解释是：“传统道德要求我们鄙视这种功利的想法，但它无法改变人际关系的真相。真相让人痛苦，不管我们如何强调人人平等，在社交中你都会深刻地体会到这一点，如果你与对方的能力、性格或价值观不能匹配，你们之间有着巨大的差距，你们就不可能建立真正的相互享受的亲密关系。你们也许能成为一般的朋友，但是很难成为真正的受到对方重视的朋友。”

1. 能力差距：不做故步自封的朋友

我去加利福尼亚州大学演讲，提前 20 分钟到了，和校长办公室的助理一起站在讲台的旁侧。我们一边聊天，一边观察学生是如何入场的。我不是为了研究学生走路的步伐或者脸上的神情，而是记录他们结成伙伴的方式——学生去参加一项集体活动，总会和最要好的同学一块儿。这就是秘密。

演讲结束后，我重复了这一过程，发现一起结伴进来的同学再次有说有笑地离开。他们三三两两，互相沟通着对此次演讲的感受。重要的是后面，我们从学校得到的信息表明，那些结伴而来的总是

学习成绩和志趣相近的人，优等生与优等生是朋友，差生与差生结成伙伴，他们彼此之间没有明显的差距。当然，也有优等生和差生的组合，但在数次的调查中，我们发现这总是个例。

我们假如要和一个某方面很优秀的人建立平等的、可以相互享受的朋友关系，就必须保证自己在某方面和他没有明显的能力差距。至少，我们要有自己独特的优势，以便于与他很好地沟通。重要的是，你不能故步自封，即便能力不如对方，也要做一个热爱学习的人，这是我们取得别人尊重的前提。

2. 思想和价值观差距：不做保守或偏执的朋友

人们都讨厌保守和偏执的人，除非你和他们一样是极端的保守派或拥有同样的偏执性格。和这样的人交朋友是痛苦的，就像韦恩对乔布斯的“批判”：他是天才，但不是让人舒适的朋友。所以，我们要保证和朋友的价值观匹配，大家的思维模式是近似的，互相不存在重大的思想、政治和价值取向的分歧。在双方的相处中，就容易获得亲密同时舒适的状态。

因此：

成为一个热爱学习并且积极沟通的人，学习朋友的优点并展示自己的能力，这能令你赢得持久的尊重。

为自己制订一项长期的个人成长计划，强化优势的同时弥补其他方面的差距，让自己的朋友圈成为一个互相促进的平台。

拥有健康、开放与充满善意的价值观，并努力寻找那些与自己相符的朋友。即便和朋友的价值观具有不可调和的冲突，也要本着求同存异的原则，在思想的碰撞中学会宽容和理解。

◎ 适度依赖，展示自己脆弱的一面

17 世纪的英国玄学派诗人约翰·邓恩（John Donne）写道："没有谁能像一座孤岛，在大海里独踞；每个人都像一块小小的泥土，连接成整个陆地。"我们和朋友既要彼此独立，又要相互依赖。独立和依赖，走向任何一种极端都不会是好事。

在《关系：适度依赖让我们走得更近》一书中，作者罗伯特·F. 伯恩斯坦和玛丽·A. 朗古兰德共同强调了一个观点——学会向朋友求助，可以让你变得更加强大。是的，朋友之间的亲密关系是如何建立起来的？必要的与适度的"求助"是一个不可缺少的步骤，如果你对朋友一无所求，那么朋友的价值在哪里？站在对方的立场，我们很容易想清楚这个逻辑。

在传统的观念中，人们普遍认为"对他人的依赖"等同于自己的无能。中关村的姜先生说："我以前的确是这么认为的。我从小就很独立，上学时不依赖父母，毕业后不依赖同学，上班后不依赖同事和朋友，我觉得一个成人就应该能够在这个复杂和充满挑战的世界上独自处理好每一件事情。但是现在我发现，这种想法也许是错误的。"

姜先生之前在一家 IT 公司上班，因为能力强、性格外向，工作三年后，就升任重要部门的经理。两年后，他积累了丰富的管理经验，便辞职自己创立了现在的公司。公司不大，只有十几个人，但他经营有方，取得了不小的成绩。不过，随着市场风险的加大，他的资金逐渐吃力起来。

一开始，他把希望寄托在了银行身上，申请了一批贷款。但很快，银行的信贷经理遗憾地通知他：“您被拒贷了。”姜先生这时才发现，自己不得不向朋友求助了。过去十几年来，不管是在学校还是工作以后，他一直以独立和强大的形象为傲，从来未向朋友开过一次口，以至于朋友们都认为他是“无所不能的”，根本不需要他们这些人伸出援手。可现在，他也竟然必须开口求助，这让姜先生有些难以接受。

晚上，他失眠了，一个人坐在阳台上抽烟。次日清晨，他下定决心，拨通了一位朋友的电话，讲明了自己的意图。朋友听了哈哈大笑：“老姜，你还记得几年前说过的话吗？那时你志得意满地告诉我们，即便天塌下来，你也能一个人顶住，用不着我们帮忙。你这句话当时很让人伤心啊！”姜先生羞愧难当，连声道歉。最后，在几位朋友的援助下，他才渡过了这次难关。

这件事彻底改变了姜先生对于朋友关系的认识。他说：“为了让自己更幸福，我们必须变强，要学会自力更生，独立自主地处理一切事情。我从十几岁时就接受了这个观点，努力学习保护和照料自己，我始终认为依赖别人是不好的。但这个观念其实是错误的，我用亲身经历明白了这个道理。朋友之间的亲近，有时是需要相互帮助来建立的，这能让我们了解对方的需要，也能清醒地意识到一个人力量的渺小。”

有些励志学者过度强调自强的结果，是促使人们远离了彼此，这种错误的理念严重削弱了真正高质量的亲密关系——人们如果并不需要彼此，为何又要交朋友？因此，早在开始从事心理学研究和潜能开发工作时，我就发现探索这个问题是非常有意义的——为了生活的幸福和友情的平衡，我们每个人都要懂得释放内心对于朋友的需要，学会在亲密和自主之间找到平衡。向朋友请求帮助并不是无能，而是告诉朋友："你对我很重要。"

建立适度依赖的前提是，我们在与朋友建立这种联系的同时，不要从中丧失了"自我"。这包括控制你看待他人和自己的方式：

我是谁？朋友是谁？我们是互相需要，而不是一方对另一方的完全依赖。

当我们拥有成熟的思考模式时，对友情的体验也会随之变得理性。你将发现自己需要帮助，也可以请求朋友的帮助，同时你仍然充满自信和力量。在运用"适度依赖"的原则时，不管是在工作、生活还是在家庭中，都要结合自己和对方的性格、能力来制定正确的策略。你得设计一个方案，这取决于你社交关系的客观情况。

1. 了解自己在朋友心目中的位置

除了客观地了解自己的关系模式和社交形态，以及它是怎样形成的，还要对自己做一次真实的信息调查：

你如何看待自己？

朋友怎样看待你？

你在朋友心中的地位？

换句话说，我们第一步的工作是搞清楚“朋友会不会帮助我们”的问题，这牵涉到你过去在朋友圈中的信誉和形象建设。在这时，你会诚实地看到一个“真实的自己”，而不是从镜子里看到大脑想象中的。通常，拥有健康、诚信、积极形象的人更被人们所看重，他们对朋友的适度依赖总是大受欢迎，人们乐意提供帮助。对信誉不良和形象建设不力的人来说，对他人的任何依赖都可能被人们视为缺点，并加重对他的负面印象。

2. 懂得发现并展示自己的缺陷，特别是无力

如何发现和表达是一个重要的问题，稍有不慎，你可能夸大、掩饰自己的需求或者表达过度，给人一种过度依赖的错觉。

我们要让自己善于此道：

我知道自己需要什么。

我知道该如何请求朋友。

我知道该向谁表达这种依赖。

聪明的人明白依赖与索取的微妙区别。事实上，两者之间可能只有数字之差，表达技巧差的人刚说几句，对方便已经吓跑了；反之，也许你还没开口，仅凭脸上的表情就足以让朋友主动询问你是否需要帮助。适当地展示自己的“无力感”，有利于我们获取朋友的理解，激发他们的同理心。

3. 学会控制依赖，而不是在依赖中失控

你需要知道怎样调度自己的情绪，避免做出朋友不喜欢的反应。展示依赖，但要控制依赖：“我需要你，但我不会一直依赖。”有原则和适当的依赖能让我们的人际关系更加紧密——因为互相帮助，我们增进了解，感情变得更亲密，凝聚力更强；我们觉得自己在这个世界上并不孤单。但要防止这种感觉失控，让它在生活的方方面面都以一种可控的形式出现。

最后需要记住的是，我们和朋友的关系要达到真正的和深层的改变并不容易，没有谁是开始就能拥有高质量的人际关系的，这是一个艰难的过程，从来不会一帆风顺。我们要在很长的时间里游离在过度与适度之间，经历无数次的反思与调整。但只要坚持下去，你就能最终实现与朋友的适度与相互享受的关系。

◎ 不求认同，享受“彼此独立”的状态

马特·达蒙是《拯救大兵瑞恩》《极乐空间》和《火星救援》等一系列好莱坞大片的男主演，他是一个非常喜欢宠物的人，但他也有不少极度厌恶宠物的朋友；除了宠物，他们在许多方面都有重大分歧但关系亲密，保持和谐。

有人曾经问他：“你们不会打起来吗？”

“用棒球棍互殴？”达蒙笑了笑，摇头说，“永远不会。我们有时讨论一些不怎么愉悦的话题，讲出自己的观点，申明自己的立场；我们决不同意对方，但举起杯来，干杯，不会发生任何其他事情。因为这就是朋友。”

朋友不是用来互相取悦的，也不需要对方必须认同自己的某些看法。朋友之间既有一定程度的依赖与互相认可，也有彼此独立的部分。我们要坚持的社交理念，所追求的朋友关系，就是这种相互享受的既独立又和谐共处的状态。

1. 朋友不是简单的寻求认同，而是尊重对方的“主见”

钱伯斯在不久前发表的一篇专栏文章中说：“寻求内部认同、消灭异端是任何组织的共性，‘朋友’也是这样的组织。但我发现，为自己不认同的观点留出空间并给予尊重，你才能获得人们最大的认同。我们不追求认同，反而能够获得认同？听起来是一种悖论，事实却是如此。”

有些人总希望朋友和他保持一致——在任何事情上——对宠物、书籍、政治、娱乐明星的观点必须统一，所以当朋友对一件事物提出其他看法时，他无法容忍。我甚至听到有人这样愤慨地说："我要和某人绝交！"原因不过是在公众辩论中那个人支持了另一方的意见，没有和他站在同一阵营。如果有可能，我会建议那个人和这位愤怒的先生绝交，因为这种强制别人无条件支持自己的行为并不是朋友应该做的。在任何场合，朋友都应该尊重对方独立的见解。

2. 做自己，也要享受让对方"做自己"

在各自独立的状态中，我们才能轻松地享受友情。朋友既要相互取暖，互帮互助，又要保持一定的距离和空间。就像我和史密斯的关系，我们在许多领域都有着巨大的分歧，讨论问题时否定对方也丝毫不客气，但我们从来不会提出如下要求：

"你必须放弃那个想法！"

"你必须听我的！"

因为我们知道，一个人这么对待朋友时，就是在逼迫对方放弃自我。试问一下：你会放弃自我吗？如果不会，也不要让别人这么做。

◎ 不受工作限制，在友情和竞争之间找到平衡点

在一次斯诺克世锦赛的比赛之前，夺冠最大热门奥沙利文提到了自己和希金斯、马克·威廉姆斯的关系，他们同为“75 三杰”，既是水平相近的竞争对手，又是非常好的朋友。他将三个人比喻为男子网坛德约科维奇、纳达尔与费德勒之间的竞争关系。正是这两个人的存在，使他一直保持着对荣誉的渴望。

他们三个人同时在 1992 年参加职业比赛，从此开启了斯诺克赛事的黄金年代，威震斯诺克球坛长达 20 多年。在这漫长的岁月中，三个人合计拿下了 11 次世锦赛冠军、71 个大型排名赛冠军、9 个大师赛冠军以及总计 126 个冠军奖杯，彻底统治了球坛，并且仍在继续这种统治。

奥沙利文说：“我们相互激励，以求打出各自的最佳状态。这种感情非常特别，我们彼此享受，相互促进，为各自的职业生涯打拼。比如，希金斯说他希望追平我的五次世锦赛冠军成绩。我说，‘好吧，期待你实现这个目标。’我们三个人依然在世锦赛上拼杀，因为所有的老男孩仍旧站在顶级的舞台。”

有时候，某些人既是朋友，又是对手，我们必须在友情和竞争之间找到一个平衡点。这说明，有些工作上的联系人也可以成为你人生中最重要的关系——好朋友或者亲人，但你们之间还存在某种职业的竞争关系。毫无疑问，这种关系是复杂的，可对我们又非常重要。

◎ 不受金钱和信仰的影响，建立心灵层面的关系

2011 年圣诞节前的一天，有两名陌生人在曼哈顿第五大道上的一家书店门口相遇。一个是在洛克菲勒大厦上班的副总裁霍奇尔，另一个是书店的员工格伦。霍奇尔是虔诚的基督徒，而格伦却是坚定的无神论者，这一次偶遇永久性地改变了他们的生活。

当时，曼哈顿上空下起了暴雨，刮着大风，整座城市都像被卷进了一场超级大风暴。霍奇尔被困在了书店门口，站在他身边的就是格伦。两个人聊了起来，从天气到地理，从工作到生活，从经济到政治，特别是洛克菲勒大厦最近发生的故事、霍奇尔公司内部的股权纷争，作为书店普通雇员的格伦似乎早就了如指掌，这让霍奇尔非常惊讶。那几天，霍奇尔正为这件事感到烦恼，在和董事会几名股东的争锋中，他败象已露，副总裁的位置已岌岌可危，公司的经营在这场内讧中大受影响，盈利已连续 3 个月下降，眼看就要降到警告线。

霍奇尔好奇地问格伦："你怎么看待这件事？"

格伦看了看天空，说："上帝能帮我们阻挡这场大雨吗？"

看似无意的一句话，却触动了霍奇尔的心灵。他伫立在书店门口，陷入沉思。不一会儿，暴雨停了，避雨的人纷纷离开，霍奇尔仍然站在原地很长时间，才缓步离开。几天以后，他做出一个出乎公司所有人预料的决定，主动辞去副总裁的职位，出让了部分股权，只保留了自己身为董事会成员的投票权。他的敌人大获全胜，胜利

来得全不费功夫，他们很快就推出了新的副总裁人选，推翻了霍奇尔的一系列决策，抹掉了他的功绩。

每当愤怒至极地想要反击时，霍奇尔就会想到格伦随口说出的那句话。自己是信奉上帝的，但上帝不能阻止一场席卷纽约及整个美国东部的大暴雨，即便这场暴雨会酿成一些事故，夺走很多人的生命。“我奋起反击，就能改变事情的结局吗？不能。”想到这儿，霍奇尔好像悟到了什么，也许什么都不做，才是自己最好的策略。

不久以后，事情的转机不期而至，新任副总裁的经营决策并不能给公司的发展带来有力的推动，反而加速了业绩的下滑。连续几个月的低迷后，公司的盈利终于跌到了谷底。这引起了董事会大部分成员的强烈不满，他们撤销了他的职务。最终，人们重新想到了霍奇尔。在对比中，人们发现霍奇尔才是那个最适合担任副总裁职务的人，尤其是他在这场公司风暴中表现出来的顾全大局的态度，让董事会的股东们深感敬佩。霍奇尔重新出任副总裁，并在半年后成为公司的一把手，成为总裁的不二人选。

导致这一切结果的，竟然是一名书店雇员的一句话。这句话给霍奇尔造成的心灵震撼，远比他过往学到的任何知识都要大。人在困境中的心灵是非常敏感的，此时谁能在心灵层面给予激励，谁就可能成为他念念不忘的人。后来，霍奇尔成了格伦很好的朋友，他经常光顾那家书店。他们之间的友谊超越了金钱和信仰，因为在霍奇尔看来，格伦的心灵境界远比自己更为高远，这比拥有多少财富更重要。

1. 每个人都需要一个灵魂伴侣

“灵魂伴侣”是我们在心灵层面的朋友，就像公司总裁霍奇尔和书店雇员格伦的结识。它不是一种终生关系，也不需要指定某一个人，而是特指一种必要的超越物质的友谊。它的特点是：我们在心灵层面有着对彼此的信赖与理解，能够顺畅地沟通，并且互相提供有益的价值。在这种关系的相处中，双方不会强求对方必须履行多少朋友的义务，而是本着来去自由的原则，注重心灵的交汇，享受彼此思想上的价值。

2. 实现心灵交流，比世俗的来往更重要

我想到自己有一位朋友，现在中国南方做生意。我们以前是很好的伙伴，大学毕业后，经常约几个人一起去城市的每个地方，也在事业上共同做过一些尝试。但是现在，我们大约有七八年的时间没见面了，远隔重洋，消息很少。平时过节时，我们只通一个电话，发一个邮件，互相做些简单的问候，但每次都让我印象深刻。这表明，这样的一位朋友反而在我们的心中留有一个特别的位置。没了世俗间的来往，却多了很多心灵的交流，让我们惦念并且享受这种友情。

◎ 真诚地为彼此提供价值，告别无效的社交

塞勒尔在自己的课堂上讲到了一个流传很久的故事：

一个聪明人和一个傻子各自得到了一斤羊肉和做羊肉的配方，两个人一手拿着羊肉，一手拿着配方赶回家。但在路上，突然有一群鸟冲下来，把他们手中的羊肉都给叼走了。这当然是一件非常倒霉的事情，羊肉没了，损失是很大的。

这个聪明人怎么反应的？他气坏了，简直气急败坏。他上蹿下跳，手指天空叫骂，恨不得抓住那些鸟碎尸万段。因为他觉得自己损失了一笔钱。可是傻子的反应与他不同，这个傻子却哈哈大笑，指着那些鸟儿说："你们虽然抢走了羊肉，但是配方却在我这儿。"

故事说明什么？塞勒尔分析道："我们在生活中遇到的任何事都是有得有失的，丢了东西，要想想留下了什么。故事中的聪明人用功利心看待生活，傻子则是用一种收获的态度，损失了东西也仍有收获。假如你抱着功利的心态去生活，你从任何事情中看到的都只有失，那么对待朋友也不会真诚；假如我们用傻子那种心态，不管你的生活中发生什么事，或者交到什么样的朋友，你都能从中看到收获，这种社交就是有意义的。"

塞勒尔用一个如何对待得失的故事启示人们，保持一颗从容无利的心态是幸福生活的基础，同时也是获得优质的人际关系的前提。不要怀着功利的情绪去为人处世，更不要用功利的态度对待自己与朋友之间的得失。在与朋友相处的过程中，我们每个人都要让自己

具备这样的真诚的心态，而不是非要从对方身上得到一些实际的东西。事实是，你越在意得失，你的社交可能就越是无效的。

只有真诚地为彼此提供价值——不管是物质的还是精神的，并且不奢求回报，我们的心态才能达到平衡。无论和对方是一种什么样的关系，是纯粹的友情还是商业的伙伴，不管对方是贫是富，有没有现实的利用价值，我们的心情都会是平静的，与对方的关系也是平和的。

我发现，人们在今天的社交网络中的人际关系普遍是“多”而且“无效”的。你们在为自己推特、微博上粉丝的飞速增长而欣喜若狂，因为人人都为网中有自己从小学到大学的同学而感到自豪。但是仔细想一想，除了毫无意义的“点赞”和“转发”外，这些海量的好友中有多少人和你建立了有效的关系？

密歇根州立大学的中国留学生小王说：“在虚拟和虚幻的社交泡沫中，人戴着一层又一层的面具，彼此都有所图，互相都不真诚，就像无数只野兽身处一个布满陷阱的丛林，没有哪只是安全的。”

小王来到美国后通过互联网交到许多朋友，到处参加聚会。但他渐渐发现，绝大多数通过社交网络认识到的好友都是不真诚的，很难从他们那里获得慷慨的帮助和实质的友情。有时候你展示了自己的真诚，反而会因为真诚受到伤害。广而不精的人际网络所带来的形形色色的朋友，不会是我们有效的人际关系，因为他们不能和你实现真正的价值交换。

1. 不管处于何种社交环境，一定要将真诚保持下去。

真诚永远是一种高贵的品格，是开展社交的好方法，你一定要保持下去。放弃广撒网的交友战略，以诚换诚，去结交精品朋友，即使暂时遇到挫折，也不要为此伤心。因为这本身就是一个检测朋友含金量的过程，说明那些不真诚的人不配成为你的朋友。通过挫折把虚伪的关系踢出自己的社交圈，留下优质的朋友。

2. 坚持正确的交友原则，对朋友怀有感恩和无功利的心态，你一定能收到丰盛的回报。

很显然，全世界的社交环境都在变差，这是一个已经发生的客观事实。我们不断地感受到真诚的消失与功利风气的兴盛，但你需要始终保持清醒，坚持正确的社交原则：

把别人的付出看在眼里，要对他们怀有感恩之心。因为感恩之心是我们的一生中会越用越多的可以增值的财富，是人与人之间最重要的交往纽带。

带着一颗真诚和无利的心去对待身边的朋友，去换取真正的价值：从享受双方心灵的沉静，获得交友的快乐。

◎ 既能亲密无间，也可相忘于江湖

有一次，加利福尼亚州大学的理查德博士问我一个问题："朋友的最高境界是什么？"

我回答说："既能亲密无间，也可相忘于江湖。"

这句话怎么解释？形象地说，就是不因距离的变化而彼此疏远，不因时间的流逝而相互淡漠。无论身处何地，时间过去了多久，内心的情谊都不会有半分淡化。同时，谁也不会对对方提出任何违背意志和人生规划的要求，充分尊重对方的各种选择。

在我的生活中，就存在着这样一位朋友，他就是杭州的陈老——他实际上很年轻，比我还要小两岁，"陈老"是大学时代我们给他起的一个绰号，调侃他年纪轻轻就有些脱发。今年 3 月份的一个晚上，我睡得正香，陈老打来了电话，说他出差到了洛杉矶，问我第二天有没有时间见一面。也就是在这时，我的脑海中浮现出了他与我长达 20 年的友情。

读大学时，我和陈老算得上是同一种人，形象普通，性格寻常，他有些脱发，我走路有些慢，都有各自的"缺陷"，同时与其他人相比，也没有不可思议的能力，没有脱颖而出的野心，但我们的内心都装着一片平静的湖水。总有人说，"好朋友是需要终生黏在一起的。"或者"朋友分开以后一年的时间，友情基本就可以宣告结束了。"但陈老与我的友谊，完全让这类说法变得幼稚而肤浅。

大学时代的朋友总是非常亲密无间的，我们住同一间宿舍，一起参加各种活动。这和所有的学生时期的朋友没什么两样。大学毕业以后，我和陈老各奔东西，瞬间就断了联系，长达6个月的时间，我们没有打过一次电话，也没有写过一封信。直到我突然需要找他帮忙——我人生中的第一次生意就赔了个底朝天，做电脑配件投资的20万元血本无归，还欠下客户与员工十几万的债务。在20世纪90年代，这可是一笔巨款。

为了解决问题，我到处筹钱，东拼西凑，勉强筹到10万元，最后的5万实在没有地方去借。这时，我想到了陈老。陈老的家庭条件好，父亲是杭州当地有名的商人，陈老一考上大学，家里就给他备下了30万的创业金，让他根据自己的需要灵活使用。但是大学四年，这笔钱陈老分文未动，他靠假期打工赚取生活费。

不过，我觉得自己完全开不了口，毕业后那么长时间没有和他碰头，甚至一个电话都没打过，现在刚一联系就张口向人借钱，是不是很难为情？恐怕所有的人都会觉得这是一种非常不光彩、说不过去的行为。因此，在准备联系陈老的前一天夜里，我彻夜无眠，抽了一晚上的烟。

开口？我们的友情很可能走到尽头，而且我在他心目中的形象彻底毁掉。

不开口？当前严重的问题根本解决不了！

我在“借”和“不借”这两种念头之间来回打转，天亮后我还是打通了陈老的电话。听到我的声音，他很淡定：“你现在怎么样？”我停顿了足有10秒钟，说：“我找你是有事相求。”他似乎马上就听出了我的难处，直截了当地问，“是需要钱吗？多少？”

没想到他会主动问我是否需要借钱，我只好实话实说：“还差五万。”

“好，半小时。”

他先把钱打给我，又打过来电话，仔细地询问事情的前因后果。最后他说：“有时候失败不见得是坏事，我会支持你的。”

这一瞬间我就明白了，真正的友情是不受距离和时间影响的。我前一晚数个小时的担心是多么愚蠢，恰恰是看轻了这种友情的表现。

“真不好意思，陈老，一找你就向你借钱。”我向他道歉。

他笑道：“没事，你就把我当成投资人就行了。”

这件事过后没多久，我还清了所有的欠款，把陈老的钱也打回去，然后又在上海做了几个月生意，便来到了美国，陈老则留在杭州经营他父亲的公司。从这时起，我们的联系变得越来越少，有时六七个月都不会有任何的互动，但我们始终惦记对方——相忘于江湖，忘的是距离，是时间，而不是彼此的情谊。

1. 时间是最好的漏斗，它能帮你发现那些真正的友情

毫无疑问，在成长的过程中，我们的确会忘记许多人。从幼儿园就厮混在一起的发小，从小学、初中、高中到大学的铁杆兄弟，实习期间的前辈，生活中遇到的好朋友……我们不断地结识新朋友，忘记老朋友。只要距离变远了，曾经温馨亲密的友情瞬间便感觉陌

生。从这座城市搬到另一座城市，过一段时间，有的人可能你还记得他们长什么样，但也许已经忘了他们的名字。

这就是时间的魔力——它会自动帮你从生命中剔除许多人的身影，既残酷又公平，每个人的圈子都面临这种“审判”——在时间大浪淘沙的过程中，真正的友情留了下来，华而不实的社交都会被过滤掉。这时你会发现，那些最值得珍惜的好朋友，通常都会在隔着很远的地方仍然为你祝福，时刻准备向你伸出温暖的双手。我们和这样的朋友之间互相不会索求，只会默默地保持关注。

2. 优质的朋友根植于我们的心里，不会被距离和时间改变

这是一种升华到心灵层面的友谊。“既能亲密无间，又能相忘于江湖。”说的便是友情对于距离和时间的超越。它既可以近距离地保持亲密，无话不说，也可以相隔千里、彼此失去音讯却仍然根植于我们的心中。拥有这样的关系，是我们每个人的幸运，也应该是我们对于社交的终极追求。

第五章　从容的社交来自对生活的规划

◎ 想一想，你是否患上了“手机焦虑症”？

现在，电话的功能越来越强大，但是关机的次数却越来越少。“你的电话有多久没关机了，是不是总感觉在等谁的电话？”当我提出这个问题时，人们会心地笑了，几乎每个人都有相同的感觉——他们可以接受世界末日，但决不接受手机突然没电。

马尔顿被心理医生确诊患了“手机焦虑症”。只要离开手机一分钟，他就会坐立不安，他的手心出汗，情绪紧张。在去看医生之前，马尔顿的情况已经很严重——他受不了手机距离自己超过半米，上厕所、洗澡都要带上手机；他频繁地为手机充电，只要电量低于50%，马尔顿就会担忧自己会因为手机电量不足而与整个世界失去联系，焦虑得就像下一秒便要被世界抛弃了。

上个月，马尔顿和朋友参加了一次登山活动。在进入大山深处时，手机忽然显示“不在服务区”，没有信号了。于是，马尔顿宛如一只迷路的羔羊，顿时满头大汗。他追赶上每一个登山队员，询问对方的手机是否有信号。他发现所有人的手机都失去信号时，立刻便抓狂了，他紧紧地抓住领队的胳膊，阻止他再前进一步：“嘿，你没发现吗？我们的手机失去了信号，如果大山里面有危险，我们如何求救？”对电话关机或没有信号的恐惧，是严重的手机焦虑症的表现，他不能容忍即便一秒钟无法进行社交联络。

“放心吧伙计，只是这里没信号而已，过了这段路就好了。”领队耐心地向他解释。

然而，马尔顿并没有听到心里去，他充满了不安，仿佛天塌下来一样，眼睛一动也不动地盯着自己的手机。

“你该留一只眼睛看路。”有一位队员好心提醒他，“手机不是登山的必备品，我有很多次户外活动都不带手机。”

但这并没有对马尔顿起到任何安慰作用，他甚至感觉自己开始不受控制地心慌手颤，整个人都要瘫软在地。有的队员发现了马尔顿的情况很不对劲，立刻告诉了领队。出于对马尔顿健康状况的担忧，领队只好带着两名队员扶着马尔顿向之前的路撤退，等到了一个相对空旷的地方，手机有了信号，他们立刻拨打了野外急救电话。就这样，马尔顿的登山之旅就此结束了。

马尔顿的情况属于手机焦虑症中比较严重的，过度的社交必然导致这种情况。“手机无信号”所引发的压力水平，已经远远超过了“婚前恐惧症”和看牙医，让一个人达到了精神高度紧张的水平。

现实中，很多人都有轻度或中度的手机焦虑症，越来越多的人发现自己根本不能忍受没有手机的生活。有的是工作原因需要随时保持通话畅通，但大多数人 24 小时不关机并没有工作上的原因，而仅仅是因为社交过度引发的焦虑——他们的大脑习惯于把所有的时间优先安排给社交，一旦电话关机，这种“优先性”就被打破，引发情绪和身体的消极反应。

塞勒尔曾经在一家酒吧做了一次随机调查，他采访了五六桌正在“和朋友相聚”的客人。不出意料的是，当他向他们走过去时，他们都在埋头看着手机，并没有人关注是否有人正在向他们走近。

来到这些人面前，塞勒尔直接表明了自己的采访意图，被采访者都坦言，玩手机早就成了自己的一种习惯。有时候手机揣在口袋里，也会时不时地拿出来看一眼，即使没有人联系自己，网上也没有什么新鲜的资讯，他们的头脑早就厌了，但习惯要求他们仍旧不停地看手机。这个年龄段集中在 20 ~ 35 岁，而年纪看上去大一点的，多数则会认认真真地坐在酒吧里喝上几杯，并不会在乎手机有没有信号。

“有时很无聊时，拿出手机看几眼，心中会踏实很多。”一位叫赛琳娜的年轻女孩说。

另一个女孩接过话说：“我的 iPhone 都已经两年没关机了，上一次关机是强制的，因为出现了故障。”

“你们不觉得面对面地交流更有趣吗？大家聚在一起聊一聊有趣的话题，把时间还给现实生活……”塞勒尔问。

几个年轻人顿时哄笑起来：“该聊的都在脸书上啦！见了面根本没什么好说的，还不如‘点赞’有趣。”

看，网络交流正在快速取代面对面沟通，这向我们释放了一个恐怖的信号：通信科技的日渐发达，使得交流更为便捷，但人与人的距离却正在变得更远。

与我们一起参与人际关系课题研究的心理医生德弗雷说：“焦虑是一方面原因，另一部分原因则是空虚和无聊，是对时间的定义发生错误。如果一个人没有足够的现实目标来集中精力，他就会依赖于用社交打发时间，以此填补生活和心灵的空虚。而手机恰好是一种不错的填充物……也可能说是最好的。”

另外一方面，德弗雷医生认为，缺乏独处能力也是“手机焦虑症”的重要诱因。现在很多年轻人都喜欢宅在家里，不愿意走出家门，更不想与别人长时间地交流，但是一个人独处又会感觉恐惧，因此手机是一个不错的陪伴品，同时解决了社交和孤独两个对立的问题。

检查一下，你是否患了“手机焦虑症”？

○手机从来都不关手机，半夜有人打电话也会立刻接听；

○经常查看手机有无来电、短信和邮件，频繁刷新社交软件，别人的每一条动态都会阅读；

○总是担心手机电量不足，如果出门超过一小时，就会随身携带便携充电器；

○不论上厕所、洗澡还是游泳，都要随身携带手机，把它放到伸手可及的地方；

○手机习惯放在手边，经常抱着手机入睡；

○经常出现手机幻听，以为手机在响；

○无法集中精力半小时，每隔几分钟就想玩一下手机；

○如果出门发现忘带手机，不管走出去多远，都会返回去取，否则无法出门。

如果你满足其中两条，就说明你已经患上“手机焦虑症”了。

但是事实上，我们并没有自己想象中的那么重要，我们的时间对别人来说也并不宝贵，人们对占用我们的时间丝毫不感兴趣。有时你一天不登录社交软件，就会担心一堆人在找你，可是当你登录上去后，却发现一个找你的人都没有！结果，那种无限放大的担忧和焦虑就会变成失落和沮丧。

我曾经一度担心自己的手机余额不足，几乎每隔几天就要查询话费账单。后来，为了戒除这种症状，我强迫自己停机两天之后才去缴费。当然，这是一次试验。这两天内，我心乱如麻，坐立不安，觉得自己的手机一定被打爆了。一旦交足了话费，肯定有一帮人打电话来问我：“怎么找不到你？快急死我了。”到那时，我就可以心满意足地收获那种被人记挂、不可或缺的满足感。

结果恐怕大家都猜到了，手机交费以后的情形很尴尬，除了必要的工作联系，其他方面一个找我的人都没有，这对我是一次不小的打击。不过我由此也清醒地认识到了自己的位置：对人们来说，我根本没那么重要，别人不会围着我转，地球离了我也照样会转。

如果你也发现自己过度依赖社交网络，缺乏独处能力，从现在开始就要有意识地控制自己，戒掉手机瘾，让自己享受一些必要的独处时光，体验没人联系你时的真实和充实感。不过，独处不是指一个人百无聊赖地待着，而是要去做些有意义的事，比如深度思考和读书。有意义的独处能让人迅速地沉静下来，暂离世界的浮躁和喧哗，从而有更多的时间思考和体会生活。

◎ 工作关系和私人关系交叉带来的麻烦

在处理社交关系的时候，人们都有一个共同的认知：工作和生活应该区分开，工作关系和私人关系也要区分开。如果在社交中将工作和生活混为一谈，总会带来一些十分糟糕的后果。不过我们也清醒地发现，随着社交网络的迅速发展，要对这两种关系进行泾渭分明的切割并不容易，因为这两类关系常常是混合的。有时候，一些工作伙伴会演变成生活中的朋友，还有的则是自己的好朋友成为在同一间办公室谋职的同事。

生活中的好朋友成为事业伙伴，看起来是一件有益无害的好事。我们在事业上多了一个人品、性格、关系圈互相都很熟悉的人，工作上会有更多的便利。相较于同事变成朋友带来的潜在的对于既有私生活的冒犯，从朋友变成同事看起来更加可靠一些。

是这样吗？事实上，无论是哪种方向的演变，只要这两种关系产生交叉，一些不可预测的麻烦和困扰就会产生。尤其是在面对职业的前途和友情的选择时——工作机遇和友情同时在“讨好”你，我们要考虑的就不再是单纯的利益或者友情。在争取事业有成的同时，我们总是要权衡友情的得失。

“和单纯的同事竞争，就像在与敌人竞争，你只需要集中精力打倒他，出拳越狠越令人兴奋，这符合我们的道德原则；而掺杂了私人关系的前途竞争，考验我们的则是工作和道德的双重选择。一方面，我们都想维护和扩张自己的工作利益；另一方面，又不能接受背叛友谊带来的情感审判。”钱伯斯一语道出了这种双重关系的真谛。

在对人际关系课题进行研究的进展中，我们收到了不在少数的同类型的咨询，他们大多都被这种双重关系困扰——要同时处理好人际关系和工作的正当性并不容易，这些复杂而为难的思考花费了太多的时间，让人无从选择。在近几年的咨询中，有两个典型的案例恰好证实了钱伯斯的观点。

案例一：杰雷米因“救助朋友”而失去了朋友

一个名叫杰雷米的公司职员出于热心，将他的一个失业好几个月的朋友引荐到了自己所在的公司。他这位好朋友的工作能力很一般——很显然，这是他失业很重要的一方面原因，但杰雷米为了力保他进入公司谋得一个饭碗，在主管面前大力地赞美了一番这位朋友的能力。出于友情，他不希望看到朋友一直失业下去。最后，主管出于对杰雷米的信任，给了他的这位朋友一个挺重要的岗位。朋友对他感激涕零，两个人的友谊也因此增进了不少。

刚进公司的时候，这个人非常努力，为人热情也擅长交际，很快和同事打成了一片。但没过多久，他工作能力不足的弱点就暴露了出来。他经常出错，而且都是一些可大可小的细节问题，杰雷米经常要帮他收拾烂摊子，每天麻烦不断，这让他很苦恼。

有一次和新客户签订的合同中，这个人居然搞错了款项的小数点，很随便地就签下了合同，公司差点因为这个失误损失了几百万美元。主管大发雷霆，并把自己的失望迁怒到了杰雷米的头上——本该由杰雷米负责的一个大项目，因为他朋友的出错，使得主管改变了心意，把项目重新交给了另外一名下属。

朋友因为这次重大的工作失误被勒令立刻卷铺盖走人，杰雷米的内心也充满了失落。好在他马上就可以结束这种为“朋友的工作表现”而提心吊胆的苦日子了，这段时间他几乎心力交瘁。他原以为朋友会带着歉意跟自己结束“同事关系”，重归生活中的友谊，没想到朋友却责怪他不帮助自己向主管求情。这件事直接导致了两个人关系的恶化，杰雷米也因此永远地失去了这个朋友。如果没有这件事，他们本可以继续在生活中维持着让人羡慕的友谊。

案例二：凯瑟琳和麦思在竞争中的选择

凯瑟琳和麦思同在一家公司的市场部上班，两个人因为工作关系经常打交道，麦思是个很爽快的人，性格开朗也很热情，经常为凯瑟琳的观点站队，和她同一阵营。一来二往，两个人建立了很不错的同事关系。后来，随着接触和了解的增多，她们发现彼此的兴趣爱好也非常地相投，社交关系很快就拓展到了生活中。

她们经常相约一起喝咖啡、逛街、看电影，几乎无话不谈，对彼此的了解慢慢地也从工作渗透到了私人空间，全方位地加强了联系，从同事成为生活中的好朋友。她们在工作中彼此鼓励，在生活中分享秘密。比如凯瑟琳的男朋友患有“肥胖抑郁症”，麦思的孩子在学校是“小霸王”等。不论是幸福还是苦恼，两个人都一起分享。

凯瑟琳完全把麦思当成了自己的好朋友，她觉得麦思也是这么想的，因为麦思常常会对她说："嘿，姐妹，你是我最好的朋友。"两个人虽然在工作中也有意见相左的时候，但经过私下的沟通，她们通常会拿出一个兼容的方案，亲密的关系并没有因此而受损。

不过，最近公司的一个项目开发，却让两个人的关系急转直下。公司正在运作近年来难得的一个大项目，部门主管提出了一个竞争方案——每个下属都要交出一份自己的开发计划，谁的方案好，谁就能成为这个项目的负责人。

这是一个利润空间很大的项目，如果能够成为项目负责人，后期分得的红利估计会有几十万美元。为此，部门中的每一个人都在暗暗较劲，凯瑟琳和麦思也不例外。虽然她们是好朋友，但在面对这种机会的时候，大家都表示出了心照不宣的"自私"。

在项目会议上，凯瑟琳和麦思都拿出了自己的方案，但她们两个人的方案思路恰好相反，一个主张进行爆款投入，另一个则主张控制成本，属于那种针锋相对的经营策略。经过一番争论后，多数人的意见倾向于认同凯瑟琳。虽然部门的主管没有正式点头，但也看得出，他对凯瑟琳的方案更感兴趣。

散会后，凯瑟琳明显感觉到麦思对她的态度有所冷淡。以前每次会议之后，两个人都会相约去茶水间喝杯咖啡，沟通思路，统一想法。但这次，麦思却找借口去了别的地方，随后就一个人回家了。在以后的相处中，尽管凯瑟琳想积极地解决两个人之间的矛盾，麦思却一直在回避，对待她的态度非常冷淡。后来在许多事情上，凯瑟琳都能觉察出麦思刻意地和她保持距离。而且，她好像开始在暗中展开了较量，两个人之前亲密无间的关系也逐渐消失，甚至比普通的同事关系都要糟糕。

在第一个案例中，杰雷米与朋友由朋友关系演变成了同事关系；在第二个案例中，则是反方向演变的，从同事变成了朋友。但这两种混杂在一起的人际关系都毫无意外地得到了共同的结果——他们朋友和同事都做不成了。

在生活中，如果两个人仅仅是朋友关系，争论一两句并不会成为友情的阻碍，只要不是大是大非的原则性问题，争吵都是无伤大雅的小事；在工作中，如果是单纯的同事关系，无论是大的分歧还是小的争论，因为是公事，双方出于公心，即使影响彼此的关系也没什么，毕竟同事之间存在更多的是持续不断的竞争与合作。问题是，当这两种关系杂糅到一起时，人们就很难再秉持一个原则、一个态度去解决所有的问题，因为你这时已经很难界定和对方是“工作关系”还是“生活中的朋友关系”，要清楚地分开它们是很难的。如果你不强迫自己做出一个明确的表态，你们在工作中的矛盾很容易成为朋友关系中的致命障碍，影响到你们的友情；而生活中的一些缺点，也很容易成为你们在工作中互相攻击的把柄，加速关系的破裂。重要的是，这些问题总是会牵扯你们很大的精力，让你们没有时间去处理其他事项。

杰雷米和朋友的关系结束于工作带来的影响，凯瑟琳和麦思的友谊也因为工作分歧而产生了问题，如果他们都选择保持单纯的朋友关系或者同事关系，彼此之间的交往可能会更加长久。

所以，当工作关系融入私人关系中时，就像在脚下埋了一颗不定时的地雷，一旦触及某个敏感点就会炸开。当工作中涉及利益时，一旦双方的利益产生根本性的冲突，势必都会选择保卫自己，干掉对方。所以在利益面前，友谊也通常是很脆弱的。

钱伯斯说：“在这种复杂的交集中，你是选择公正还是选择友谊？这是一个痛苦的选择题，很多时候甚至充满了残酷。你如果没有做好面对两难问题的准备，就会在这种关系中栽大跟头，同时你也会失去很多其他的东西。”

不过，尽管我们一再强调要将私人关系和工作关系区分开，简化自己的社交思路，但实际做起来并不容易。互联网的迅速发展，使得社交渠道和工作方式均发生了巨大的改变，你会发现越来越多的私人关系和工作深入地纠缠在一起——你的好朋友会向你推销产品，你的同事可能会加入你的私人生活中，你现在的客户也可能会成为将来的朋友。你在社交网络上发布的生活内容随时会被同事看到，而你的工作内容也会需要牺牲掉友谊中某些“纯粹”的东西来换取。

我们该如何处理这种复杂的人际关系，有哪些应该遵循的原则？

1. 约定原则

为了避免工作关系和私人关系的交叉带来的麻烦，提前约定好双方都要遵循的原则是非常必要的，这会为你们双方在未来的相处中带来很多便利，避免很多问题。就拿案例一中的杰雷米和他朋友的关系来说，杰雷米在把自己的朋友引入公司之前，就应该与之“约法三章”，比如：工作中各自对自己的部分负责，不要把私人关系搅和进去；在生活中尽量避免谈论工作，工作的内容应在办公室内解决，不能带到生活中，等等。

约定原则的好处就是谁也不能耍赖，形成一种界限的约束，在产生矛盾时便有一定的“条例”可以遵循，从而免去了很多不必要的口舌之争，也降低了因为工作而影响双方友情的概率。

2. 私下沟通

在这种双重的社交关系中，双方难免会产生立场上的冲突并影响另一方面的关系，这时一定不能匆忙地发起正面的冲突，要平心静气地控制局面，本着找到最佳方案的态度，与对方私下沟通协调。如果工作上有一些已经预知的问题，可以先私下讨论，互相交换看法与意见。比如在案例二中的凯瑟琳和麦思，两个人如果在提交方案前互相交流一下，会议中针锋相对的失控场面很可能就不会产生。

遵循私下沟通的原则，一方面可以从对方那里获取更多的想法，从而完善自己的思路；另一方面也可以和对方统一意见，即使双方的想法不同，无法互相说服，也能事先取得对方的谅解，或者降低对方的猜忌，不至于最后发展成激烈的正面对抗，影响彼此的关系，甚至让两个人把未来的许多时间都用到无谓的对抗中。

3. 尽量避免同事进入私人生活

我一向不赞成人们把同事关系发展成私人关系——对于趋向保护隐私和秘密的人来说，这种做法实在太危险了。所有的同事关系都由利益构成，这是无法改变的事实。即使你们能够发展成为朋友，也是建立在工作利益已经达成一致的前提下。从抵抗风险的角度来看，这种关系是非常脆弱的，一旦共同的利益基础崩塌，你们的友谊就是台风口的风筝，根本不堪一击。更危险的是，人都是自私的动物，难免会在特殊的时刻做出冲动的选择——牺牲友谊来换取更大的利益。我们生活中的朋友都难避免此类事情的发生，更何况是在竞争更激烈的同事之间？

所以，别拿自己的生活为工作冒险，因为同事之间“只有永恒的利益，没有永恒的朋友”。记住这个原则：同事就是同事，你们的关系再好也是“好同事”，尽量少给自己“找麻烦”；否则你可能陷入无休无止的“解决麻烦”的痛苦中。

4. 任何时候都不要利用友谊

总有一些这样的人——他们以为利用友谊的便利换取一点私利无伤大雅，反正朋友也不会怪罪，更不会在乎。“朋友总不能因为一点并未伤及他任何核心利益的小事就和我绝交吧？”如果你有这种想法，那么你很快就会失去自己的朋友。

去年来参加咨询的孟女士就坦言，她因为自己一个做产品代理的朋友总是利用友情让她购买东西，致使她越来越讨厌这个交往时间很长的朋友。孟女士说，她开始时就以“自己最近手头很紧”的理由委婉地拒绝过对方，但朋友的方法也很巧妙，她对孟女士说：“你先拿去用，等你有钱了再给我，咱们之间谁跟谁！”

既然对方这样说，孟女士就很难再拒绝了。产品寄过来，使用了一段时间之后，朋友就会不停地问：“你觉得产品怎么样？”孟女士肯定不能说不好，就说：“产品是不错，就是可能不太适合我。”她想以此来拒绝朋友再向自己推销东西。结果，她的那位朋友变本加厉，“你不是不适合，是之前用其他的护肤品把皮肤搞坏了，再坚持一段时间，你肯定会看到效果的。”

就这样，孟女士被友谊绑架了很长时间，从朋友那里买了诸多无用的产品。她又不好意思不给钱，因为朋友最后总是用“回款困难”来暗示她应该付费。

人和人的友情既坚强又脆弱，根本经不起考验，尤其经不起朋友的利用。在你看来是小事，在别人眼里可能就是大事，甚至让她觉得遭到了友情的背叛，因此与你产生隔阂，而你还不自知。在这种对友情的消耗和透支中，你们越走越远，最后就从朋友变成了陌生人。

◎ 要想让社交不成为拖累，必须做减法

我们已经习惯了做加法，不管任何事情都是用增加思维去思考，这是人的本能。比如，明明吃饱了还要去吃；有些东西不管有没有用，都要不停地重复买；电脑的硬盘越来越卡，因为增加的内容越来越多；家里的收藏品在增加；手机通讯录里的联系人在增加；朋友在增加；社交关注面越来越广，我们却感觉很累，时间不够用，社交又没什么效果……不知不觉中，我们给自己挖的坑越来越深，它不断地变深，直到自己再也跳不上来。

王小姐是国内一个新兴化妆品牌的微商代理，这是一种基于社交网络的营销工作。她的任务就是每天在朋友圈里不停地推送品牌的介绍，然后接受各种咨询，向有意向的客户推销这些产品。从本质上来说，她在做“社交”的生意。

“手机只要不关机，就一天 24 小时不停地在响，现在成了身体的本能反应，只要手机一有动静，立刻就会拿起来翻看，害怕错过顾客的咨询。有时候正在睡觉，手机突然响了，我也会立刻睁开眼睛去看，大多时候我都是抱着手机睡着的，手机就像我的性命，我根本不敢离开半步。为了扩大生意，我必须不断地联络和扩充新的朋友，每天都要记下几十个人的电话号码，并且加上他们的微信。”

为此，她的吃饭时间、休息时间、陪伴家人的时间，甚至是洗澡时间，通通被这项工作霸占了。和朋友聚餐时，她经常拿着手机和顾客沟通。朋友们都吃饱了，她却没有夹几口菜，不是不合胃口，

而是抽不出时间去品尝美味。朋友们都抱怨她只顾低头赚钱，连维护友谊的时间都拿不出来了，她只能苦笑。

这是大多数从事微商行业的群体的缩影，一台手机掌管着生计，也完全统治了自己所有的时间。每个微商的通讯录里都有成百上千的人，而且大多数都是陌生人。“朋友就是市场，没有社交就没有销路。”王小姐也是如此认为的，从加入微商大军的那一刻起，她每天都在不停地往通讯录里加人：去饭馆吃饭加店铺老板，坐地铁加邻座的陌生人，去理发店洗头加理发师……身边认识的所有的亲戚朋友都被她收进了通讯录——这些都是她潜在的目标客户。

一年下来，她的通讯录从几十个人跃升到了接近两千人。这种用尽一切手段扩充社交资源的举动在朋友眼里几近疯狂，她自己也很无奈，但她要“拓展客户数量”，多加人是卖掉产品的第一步，否则竞争不过别人。

但是，一段时间过后，王小姐发现自己臃肿庞大的通讯录并未给她的社交和生意带来更多的帮助，反而产生了非常多的负面影响。比如，有很多人在加入通讯录后就把她屏蔽了，他们反感这种交朋友和卖产品的方式；还有些好朋友则主动退出了她的朋友圈，让她损失了一些真正的人际关系。

这就意味着，她每日在朋友圈发送的推广信息多数人根本看不到，而这些人也对她的产品没有兴趣。还有一些过去的好朋友，因为她每日不停地“刷屏”，所有的时间都用到了卖东西上，便逐渐冷落了她，甚至不愿意再和她联系。有一次她打开通讯录看了半天，翻了好几页，才找到一个比较熟的朋友，然后主动联络对方，希望一起出来吃饭聚一聚。结果对方的电话根本打不通，发短信过去，两天后对方才回复："我最近很忙，将来有空再聚。"她心里清楚，自己通讯录上的联系人增加了，朋友却减少了。

"做了将近两年的社交营销，很多朋友都开始躲着我了。后来我统计了一下，其实买产品的就是固定的那么几十个客户，大多数人都不会买，有的只是询问下价格就杳无音讯。固定的客户觉得产品好，会自动推荐给身边的朋友，老顾客带动新顾客，这些才是潜在的客户，而那些在大街上随便加入通讯录的陌生人，我可以毫不犹豫地清理掉了，同时我也要整理出自己的朋友，为他们单独设立一个清单。"

从混乱无序的状态中走出来，并精简自己的社交，分清社交和营销的区别，是王小姐必须尽快做好的工作。这些无效的社交和对人际关系的营销工作耗费了大量的时间、精力及其他成本，最终给她带来的却是一个双输的局面：她既没维护好自己的朋友圈，也没做好自己的事业。

现在，她每个星期都会清理自己的通讯录，数量基本保持在两百人左右。而且她给这两百人做了三种详细的分类：家人和朋友、固定客户、潜在客户。其中最重要的就是家人和朋友，在这份清单中，她记录了重要关系人的联系方式，并配备了另一个号码，把他们与微商的工作隔离开来。这样一来，她就对自己的社交实现了一次清晰的分类，从混乱无序的状态中摆脱出来。

无效社交太多，就会浪费大量的时间和精力，我们每个人都需要调整社交思维。从现在起，赶紧为你的通讯录做减法：

合并那些姓名相同却有多个号码的人；

删掉那些你已经半年没有联系并且已经记不起他是谁的人；

删掉那些你认为双方没有共同话题并且互相讨厌的人；

我最后的一个必要建议是——设置“备注”的选项，对于一些不太熟悉的名字，为他做一个备注，简短地记下他的身份、背景以及你们之间的关系，这能为今后的通讯录整理工作提供依据。

◎ 拒绝不必要的社交，把时间留给值得的事

近几年，社交和人际关系拓展被当作一种资源和获利的工具反复地提到，有许多功利的课程或者书籍都在传授如何用最短的时间获得最优质的人际关系。强烈地渴望成功的人们也纷纷投入大量的精力研习如何快速地成为社交宠儿，费尽周章地学习各种功利的社交理念，以此来最大化、最省时省力地利用人际关系资源获得成功。

所以，我们会看到各种概念大行其道：六度人脉、碎片社交……人们几乎不假思索地接受了这一系列的社交理念，并且推而广之，制定各种标准来严苛地调取自己的一切时间，完全将社交当成了换取利益和目标的工具。有的人每天 24 小时奔波于各种社交场合中，忘记了社交的本质是让自己活得更加充实，而不是无比劳累。在某种程度上，社交已经过渡成为一种浮躁功利的社会通病，而且正在潜移默化中扭曲着人们的心灵。要改变这种不正常的状态，就必须对自己的社交重新规划，尤其要合理地安排时间，将对社交的投入调整到一个合理的程度。

1. 避免不必要的社交

凯莉是洛杉矶一家时尚快消品牌的创意总监，是圈内非常知名的人物。因为工作的缘故，她必须非常擅长社交，而且要时刻保持高频率的曝光，以此来维护自己在社交圈中的活跃度。过去三年来，凯莉几乎每天都要发送十几条推特，有时是一段话，有时是一张图

片，大多时候是自拍以及公司的宣传活动，只要打开脸书、推特等社交软件，你一定会看到凯莉的影子。

用她自己的话说："我今天是便秘还是拉稀，都要告诉全世界，否则别人会马上遗忘你。"

但在最近两个月里，凯莉忽然"消失"了。她不再频繁地活跃在社交圈，以往她每次必到的各大营销会场上也甚少出现她的身影，她甚至都不怎么上推特了。虽然公司的品牌推送依然每日由她的助理发出，但关于凯莉的私人活动，几乎全部销声匿迹。

凯莉的这种"诡异"行为在一段时间内引起了业内不小的风波，有人猜测她是不是要跳槽，有人猜测时尚界要有大的变动，这个"策划魔头"不知在酝酿什么爆炸性的新闻，还有的人谣传她得了不治之症。

在听到这些流言蜚语时，凯莉大笑说："你看，无聊的人那么多，当你不再跟他们玩了，他们就会变着花样把你逼出来。但是，我想让生活变得简单点，那些所谓的社交维护和曝光度现在对我来说根本没有意义，我必须找回属于自己的时间，这是我最近才明白的道理。"

为了拒绝所有的无聊和无谓的社交活动，凯莉在手机上安装了一种反社交软件。有一次，她在距离公司两条街的一家咖啡店约见私人朋友，准备离开的时候，手机突然提示她：在距离 300 米的位置有一位她的熟人。凯莉并不喜欢这个人，与对方的交情也仅限于工作上的交流，但为了避免照面以及那些浪费时间的寒暄，她特意从咖啡厅的侧门出去，步行拐了几条街道离开——只为了避开对方。

她说："我的社交时间太满了，而且大多数是这种不必要的社交。如果能够避开，我就可以节省下更多的私人时间陪伴家人。"

2. 控制自己网络社交的时间

其实，只要仔细看一看你就知道，在我们的生活中，很多社交是毫无必要的。特别是基于网络平台的社交活动，除了浪费大部分的时间外，并不能为我们提升社交的质量。在拇指地飞舞之间，宝贵的时间全都化为了手机上的电信号，没有产生多少积极的价值。

前美国职业篮球运动员查尔斯·巴克利到现在为止都未开通任何社交账号，他认为一切网络社交都是在浪费时间。在一档电视节目中，巴克利说："有人愿意给我 300 万美元让我去发推特，但是我告诉他们，你们给我再多的钱我也不会发推特；也有人愿意花几百万美元邀请我去做电台秀，我说你们花多少钱都不可能邀请到我去参加这些垃圾节目。"

在如今这个由社交网络编织出来的花花世界中，巴克利的做法看起来任性极了。他是在与世界为敌吗？当然不是。他是不想利用网络社交去增加自己的曝光度，因为这些时间的支出没有意义。

对此他毫不避讳地说："如果你早上醒来关心我在做什么，我只能说你是一个白痴。我不觉得我有什么必要把我每时每刻的想法、行动告诉外界，我不希望有谁每天早晨一觉醒来就说：'让我们一整天都跟随查尔斯·巴克利吧！'这太可怕了！"

3. 你不要依赖网络来获取知识

有位在大连读大二的学生发来邮件说，他特别喜欢浏览知乎、豆瓣、果壳等这类知识网站，因为能够获取许多新鲜的知识，拓展自己的思维，也增长了很多的见识，还能认识一些传说中的“网络大神”。但渐渐地，他发现自己失去了独立思考的能力，不管遇到什么问题，脑海中蹦出的第一个念头不是“我要仔细想想”，而是“去知乎上看看别人怎么说”，久而久之，他已经完全无法离开网络而独立地得出见解了。

这可能是现代很多人的通病——他们过度地依赖网络获取知识，了解一切自己需要的信息。他们看起来在短时间内获取了大量的资讯，但其实并没有真正地学到有用的东西。

首先，这些知识大多是碎片化的。你浏览了这些碎片化的见解时，顶多只学习到了一些皮毛。如果想深入了解，你还必须经过系统化的学习，或者去研读那些相对比较专业的书籍。

其次，不论知乎或者豆瓣上的回答多么精彩，那都是别人在系统学习和整理后得出的结论。他们写出来的一般是经过压缩的知识，如果没有深入地了解，你可能根本看不懂或者仅能做到一知半解。如果自己不能从头学习，很多需要循序渐进才能真正了解的知识你就接触不到，尤其当涉及逻辑性的问题时，这种困难就表现得更加明显。比如，别人表达某个观点时，会直接写出一个 A—E 的逻辑，你以为从 A 能够直接得出 E，可完整的过程其实是 A—B—C—D—E。

最后，人们在表达观点的时候通常会夹带一些主观的见解——里面隐藏着作者个人的立场与偏好，即使相对专业的人士在网络平台上也未必能做到完全客观。如果他们的观点存在偏差，你在阅读的时候就会被误导，甚至从此形成先入为主的错误印象——在以后遇到其他更接近事实的正确观点时，你会以为这是错的，因为你觉得自己印象中的那些观点才是对的。

很多喜欢逛知识网站的人都只阅读、了解而不发表评论、参与讨论，他们能做的不过是为别人的精彩观点“点赞”“转发”“收藏”，自己并不能形成任何成体系的独特的观点。这就像“黑瞎子掰玉米”，看到一个好的观点便掰下来收藏，又看到一个更好的观点时再掰下来，结果总是用今天看到的覆盖昨天收藏的，记忆库中始终只保存最近的信息，到最后你的大脑仍然一无所有，跟没学过一样。

因此，不要把时间浪费在社交网络上。学会规划自己的时间，尤其是社交时间，多给自己的私人时间腾出一点地方，从头认认真真地读一本书或者系统地学习一些自己需要的专业知识，只有这种方式学到的知识才是可以转化为人生财富的。

假如你每天花掉大量的时间去维护虚无的网络社交，去在羡慕中赞美别人的光芒和强大，你就会忘记自己的初衷，以及为了现实的目标所应该付出的具体行动。你以为时间安排得很满就代表了充实和收获，其实大部分的时间都被无意义的事情填充掉了，而你却对此一无所知。

◎ 保持社交的距离，为自己营造一些神秘感

我在北京的邻居周先生向我讲述了自己儿子的一件趣事。他的孩子小名叫作胖胖，很活泼，人缘特别好，胖胖对自己的社交状况也很自豪，经常跟老爸炫耀他的社交软件上有多少人，多少群组，自己在朋友中是多么地受欢迎。

今年暑假刚开始，胖胖不知出于什么原因，忽然决定退出所有的社交软件。周先生是后来听孩子汇报时才知道这件事的。他把除了爸爸妈妈和几位学校的老师以外的联络人全部从好友列表中删除了——其中包括他从小到大的所有的好朋友，同时也退出了所有的群聊。

“胖胖说，他一边删除的时候一边担心：明天我的电话会不会被打爆？会不会有很多人发短信询问怎么回事？好朋友发现我不在他们的 QQ 列表里了，会不会觉得我出了什么问题？他这样想着，既忐忑不安又有些激动，一想到明天醒来后的场景，他一个晚上都没睡好。”

做完这件事后，胖胖一直睡到了第二天早晨的十点钟，睁开眼睛的第一刻，他下意识地去摸手机，打开一看，什么动静也没有——没有人给他打电话，也没有人发短信。

他十分震惊，不死心地打开电脑登录社交软件，一切都和平时没什么两样，没有人重新申请加他为好友。胖胖安慰自己：“会不会是大家都还没起床，所以还没有发现我从他们的世界中消失了？”

他决定再等等，也许到下午大家就发现了呢。结果这一等就是三天，胖胖吃不下睡不着，天天盯着手机和电脑发呆，最后竟然没有一个人发现他从社交软件中退出了，这三天中也没有任何人打电话找他聊天。

通过这件事，胖胖很受教育。他一直认为自己在朋友心目中特别重要，所有人都喜欢围着他转。但是现在，他发现是自己想得太多了，别人其实根本就不关注他。为此，他产生了一些错觉："这些人根本就不是我的好朋友。"

像胖胖这个年龄的孩子，思想还很单纯，他无非想通过删除好友的行为来为自己营造神秘感，目的是引起他人更大的关注。他拥有数量庞大的社交好友，每天都觉得自己是人们生活的中心。当他发现事实并非如此时，以往那种"众星捧月"的感觉就像玻璃瓶掉到了地上，摔得粉碎。他的自尊心受到了挤压，因此特别难以接受。就像有些小孩会在吃饭的时候故意躲起来，看看家人能不能发现自己不见了一样，他们的目的就是引起别人的关注。

在社交中，无论是孩童还是成人，保持一定的神秘感都是必要的。但是与胖胖的目的相反，我们倡导的神秘感更多针对自身内在的提高，减少社交曝光是为了优化自己的社交时间，提升社交的质量，而不是放大人们的关注。与此同时，营造神秘感也能增强自己在众人心目中的形象，提高你的个人魅力。因为好奇心是人类的天性，人们对于自己接触不到的、看不透的东西，会本能地想要加以了解。当你为自己成功地营造出一种神秘感时，别人会自发地被你吸引，从而主动地向你靠近。这就是我们为什么会本能地仰望那些著名人士的生活、喜欢关注他们任何的一些细微消息。

如何保持社交的距离，为自己营造一些神秘感？

1. 在公众场合尽量少地或者不要透露自己的信息。

被人了解是一件好事儿，但如果过分地展示自己，就难免会使人兴趣索然，不再对你持久地感兴趣。要保持足够的神秘感，在别人打探你的消息时，就要学会“神秘”地表达。比如有人问你去哪儿，你可以不必直接告诉对方将要去的目的地，或者去做什么，而是优雅礼貌地说：“我一会儿就回来。”这不仅是一种社交技巧，而且代表了低调和内敛的态度。

2. 不要将隐私信息暴露在网络上。

网络通信的发达在便捷我们的生活时，也将我们的隐私暴露无遗。当你把自己的情况尽可能地全部展示在社交软件上时，别人就会通过这些信息来了解你这个人的方方面面，根本不需要通过沟通，就能对你形成一个完整的印象。

现在很多人喜欢在社交软件上记录自己的心情、行踪、喜好，一天下来，自己吃了什么、做了什么、去了哪里都写在上面，以此来展示存在感。这并不是明智之举，因为这并不能表明你的生活有多丰富，反而说明了你这个人很孤独，很无聊。那些忙碌而且充实的人根本不会将这么多时间耗费在网络上，他们没有兴趣在社交网络中长时间逗留。

如果既想让别人关注你，又想保留一定的存在感，从现在起就不要再频繁地更新自己社交网络上的状态，更不要展示自己的定位信息。学会保护隐私，才能获得人们更多的关注。

3. 尽量不要成群结队地出行，特立独行才有更强的吸引力。

你会从一群人中感觉到某个人的神秘感吗？很难。真正富有神秘感的人都是“独行侠”。在社交关系中，我们要给人留以充分的想象空间，首先要在行动中展示出自主性，适度与人往来，并且不要每时每刻都与他人相伴。只有这样，你才会感觉到自己是一个独立的个体，而不是离开他人就不能活的群居动物。特立独行的同时，我们也能清醒地辨别人们的观点是否客观，尽量避免被大众的思考和行为模式影响。

4. 在压力面前要保持镇定。

一个不擅长承担压力、遇事便慌慌张张的人，他在社交中通常很容易露怯，让人一下子就能看穿他到底有几斤几两，吃透他的秉性。这样的人是不存在神秘感的。相反地，那些神秘的“高人”从来都是情绪控制的高手，即便是遇到天大的事情，他们也总能保持不动声色的姿态。他们并非没有情绪和感情的波动，也并非不惧怕压力，而是能够很好地在众人面前控制自己。一方面，这样做能让别人无法掌握他的底牌；另一方面，他也给自己创造了冷静思考、快速解决问题的时间。

因此，要学会聪明地掩饰自己的情绪，即使做不到完全地滴水不漏，也要尽量地控制在一个稳定的水平。

5. 找个私人空间恰当地释放自己的压力。

做一个富有神秘感的人不是要你去做麻木不仁的忍者，而是要掌握公共社交的分寸。在日常生活中，如果出现身体上或者精神上的困扰，不要故作坚强，但也不要当众失态，而是找自己最信任的人倾诉或者去看一下心理医生，毕竟压力过度会引起更大的麻烦。只不过需要注意的是，我们不要在公众场合声张或者大肆宣扬自己的问题，否则只会适得其反——有时候，人们会因此觉得你是一个“矫情”或者太过娇弱的人，反而疏远跟你的关系。

6. 要有你自己压箱底的特长，但不要随便展示。

如果有一天你被迫在公共场合展示自己，你就会意识到平时储备一技之长是多么重要了。你可能是一个非常低调的人，不显山不露水，但在恰当的场合突然露一手，别人就会对你另眼相看。他们会觉得以前小看了你，对你的印象会陡然提升一个层次，甚至会对你肃然起敬。

7. 多花点时间读书，延伸自己的知识层次。

一个人的谈吐会显示出他读过的书，走过的路。读的好书多了，也会从根本上改变一个人的气质。有的人容貌并不出众，但为什么你会觉得他/她很有吸引力？这就是气质的作用——知识储备产生的强大内涵。相由心生，内心丰富的人总会带有一种自己都不曾发觉的独特魅力。

那些可以称为优质朋友的人为什么总有一种神秘感？因为他们懂得我们不懂的东西，具备我们不了解的知识面。当你和别人谈论一个问题时，如果读的书多，思路就会更加开阔。你可以从各个方面来阐述自己的观点和立场，或者讲出一些艳惊四座的想法。

这几年，当我学会减少自己的社交曝光时间时，我从中体会到了前所未有的好处。十几年来，我第一次感觉自己的时间被集中起来，做事更加专注。比如，我现在居然可以坚持每天拿出两个小时来练习毛笔书法；我明白了自己对这个世界并不那么重要，可以安心地沉静下来工作，也多了独处和深度思考的时间。

◎ 你需要一些随时可联系的比较纯粹的朋友

作为人际关系领域的专家，塞勒尔坦言："很遗憾，我没有一个可以随时联系的人。不管要见谁，我都需要花费一些时间在思考或计划上，或者要在沟通上浪费一些精力。就算是见我的父母，也需要提前一个礼拜打电话预约。"

我比塞勒尔幸运那么一点点，在我随时可以联系的名单中，有一个人是从未改变的，这个人就是我的搭档史密斯。我可以因为一个脑海中突然闪现的小点子而半夜拨通他卧室的电话，也可以在遇到大麻烦时不加寒暄地要求他必须帮我的忙。在大多数良好的关系中，随时可联系的人大多是比较纯粹的朋友，比如同窗密友或者一起光屁股长大的玩伴，不过我和史密斯的关系是另一种意义上的，我们不是单纯的朋友关系，也不是单纯的同事关系，就像前面讲的那样，是一种兼具同事和朋友关系的伙伴。形象地说，史密斯就是我的朋友兼合伙人，我们在工作上相互扶持，在生活中又能良好的沟通。

每个人都渴望一个可以随叫随到的朋友，无论多忙多累，也不管自己混得好还是混得差，只要一个电话，随时都能找到他。但是，这样的关系几乎是可遇不可求的，在塞勒尔和钱伯斯的联合调查中，超过 90% 的人都发现自己并没有一个这样的朋友——尽管这个人选只需要从自己的闺密或死党中悉心地挑选出一位就可以了。大多数人都认为：如果要在半夜拨通他 / 她的电话，自己仍然需要斟酌一番，无论是出于教养还是别的考虑。

坏消息是，人们在夜间的思维更为活跃，灵感和创意喜欢在夜深人静的时候迸发，痛苦和不安也会在此时放大。这不是一个好时机，尽管你强烈地需要与人分享和倾诉，但不幸的是，我们可以毫无顾忌去打扰的人寥寥无几。你大可以在半夜“灵光闪现”的时候翻一下通讯录，能找到一个人是可以毫不顾忌拨通电话的，那么你就极其幸运了。除了这个人，其他的人要么打不通，要么在接通电话的时候泼你一头冷水：“有事请明天说。”通常，你一下就失去了诉说的兴致，失落的情绪也因此更加浓重。等到第二天醒来时，你会发现自己已经没了再联系那个人的兴趣。

也许你觉得自己人缘极佳，认识各行各业的人，特别好的朋友更是多到了十位，而且你坚定地认为：我们的关系非常好。但当你在某一天心情郁结，非常想找一个人倾诉心境时，你可能翻遍了整个通讯录都无法确定一个合适的人。有些人可以听你诉苦，却无法设身处地地理解你的心情；有些人可能根本就不和你在一个频率上，你的情绪在对方的眼中很可能仅是“发神经”“矫情”“无聊”，他们对此无动于衷。无论是哪种倾听者，这时都无法纾解你的压力。

钱伯斯说：“我们对‘可随时联系的朋友’的要求绝不止于在不恰当的时间拨通电话，从实际意义上，这个人需要是能够在你遇到麻烦时，无偿和无条件地并且随时为你提供帮助的。这样的朋友就更加难以找到了。”

你可能并不清楚自己的朋友是不是能够救你于危难之中的人，

尽管你们经常一起喝酒、吃饭、打球，但他们与你想象中的关系可能存在着不小的差距。金钱通常最能考验友谊，尤其是当金钱和时间结合在一起时。假如你现在，就在一个夜晚急需要一笔钱，你觉得有几个人愿意马上借给你？

为了验证我们的观点并对人们社交质量的实际情况进行了解，课题组发起了“你能半夜从朋友那里借到钱吗”的志愿者征集活动。经过挑选，最后留下来的有五十位参与者，这些参与者大多数对自己的人际关系感到满意，他们自信地认为自己遇到困难应该会有人帮忙，而且会有不少人主动帮忙。不过，也有不在少数的人对“借钱”这个测试表示出了一定的忧虑，因为他们从来没向朋友借过钱，觉得这很难启齿，大概不会太容易。

实验规定，参与者需要现场——在凌晨 1 点钟给自己的朋友发短信借钱，数目为五千美元。如果对方两个小时没有回复短信，也就是在凌晨 3 点钟时，参与者必须打电话过去表达借钱的意愿，并且是“马上就用”，他们的朋友需要立刻从床上爬起来，把钱打到卡上。

查尔斯是众多的参与者之一，他自身条件很好，是一个交际甚广的人，平时出手阔绰，身边也簇拥着一群有钱的朋友，借五千美元对他来说一点都不难。实验开始前，查尔斯就已经非常自信地宣布结果：“我可以轻而易举地借到一万美元，随便一个朋友都可以。”

查尔斯从通讯录挑选了六个关系比较“平衡”的朋友（即双方的经济和知识水平相对平等），给每个人发了一条内容相同的短信：

“我遇到了一点麻烦，现在急需五千美元，能帮忙的话就给我打电话，或者把钱打给我，如果不行就请短信回复。等你的答复，你最亲爱的朋友查尔斯。”

半个小时之内，查尔斯就接二连三地收到了五条拒绝短信，内容五花八门，但表达的意思是一样的。有的说：“你怎么会急需用钱？别开玩笑了，你可是有个非常有钱的老板！”有的说：“我前几天刚买了辆车，这事你知道的，真是太不凑巧了，你问问××，他一定有。”也有的直接哭穷：“朋友，我花钱一向大手大脚，根本没有存款，你跟我开玩笑的吧？快早点睡吧，现在太晚了。”

最后一条短信是在两个小时之后收到的，在此之前，查尔斯把所有的希望都寄托在了这位朋友的身上。他充满挫败感地抱着手机，像个要抓住最后一根救命稻草的人，不停地自言自语。遗憾的是，这位朋友回复的内容是：“我现在陪女朋友在迪拜度假，她几乎把我的信用卡刷爆了！我们要半个月以后才回去，我非常乐意借给你，但你能等我回去再说吗？”

对于这个意外的结果，查尔斯失望至极。他沉默良久，最后感叹道：“我一直以为自己有很多可以两肋插刀的好朋友，结果太糟糕了，我竟然一个‘朋友’也没有。他们都是有钱人，你知道吗？我平时帮了（他们）那么多忙，从不吝啬（为他们）支付账单……这太令人难过了。”

其他的参与者也并不比查尔斯好到哪去，只有十位参与者向两个朋友借到了钱；另有十五位参与者从一个人那里借到了钱；剩下的大部分和查尔斯一样，根本借不到，没有一个人愿意为了朋友半夜起床打五千美元过来。

通过这个实验，几乎所有的参与者都表示结果是自己没有想到的，他们通过借钱看清了友谊的分量，以后不会再轻易地对一个人做出这样的定义："他/她是我最好的朋友！"

用金钱来衡量人和人的友谊并不完全客观，这是我们首先要明白的，但这至少说明了一些问题。在现实生活中，一旦陷入经济困境，几乎大部分人都会体验到"借钱难"的滋味。首先，你向别人开口借钱，对方会在第一时间衡量你的经济能力，你值不值得？如果你没有短时间内偿还的能力，或者对方觉得跟你的友情没到那个份儿上，他们可能会毫不犹豫地拒绝你；其次，被请求帮忙的人也备受考验，朋友有困难，自己是帮忙还是婉拒？不借钱，友谊会受损，但钱借出去了就要面临无法"回收"的风险，最后可能钱和朋友都没了，这对被借钱的人来说，也是需要认真思考的。

换句话说，"随时可以联系"并不是判断价值的标准，而是考验我们社交质量的一条测试原则。查尔斯的情况属于他自己交友不慎，换句话说，他自认为的那些好朋友可能只是他单方面地确定了"好朋友"的位置。但在他人的心中，查尔斯只是一个普通的酒肉朋友而已——他们仅限于一起吃喝玩乐，并不存在真正的友谊。

在这个实验中，有一个很有趣的现象：那些借到钱的参与者中，很多人成功借到钱的对象都出乎自己的意料。

一位名叫基特·克拉克的参与者说："我没想到他会愿意借钱

给我，我们已经有一年多没联系了，他觉得我不是那种轻易借钱的人，如果开口了，那一定是真遇到了麻烦，他很高兴能帮上忙。”

参与者艾米利亚说：“她并不算我的好朋友，我只把她当普通朋友而已，平时不太熟，甚至一个月不联系一次。她对于我向她借钱这件事倍感意外，因为她没想到我会在遇到困难时想起她，受到这样的信任她说自己感到很荣幸。”

对于这种奇怪的现象，塞勒尔说：“你会发现那些乐善好施的人都有一个共性：他们从不轻易地求人帮忙，也不会主动地与朋友搭讪或参加聚会，反而大多数时间都在默默地关注，并且在朋友关系中处于一种施助的位置。他们虽然人际关系较好，但对亲密关系却非常慎重，他们的好友数量绝不超过三个，经过认证的好友一定都是经得起考验的。而他们愿意借钱给好久不联系的朋友，很大程度上是因为自己的善良。问题是，你能用最短的时间发现并与这样的朋友建立牢固的信任吗？”

在这些参与者中，有一位参与者的经济状况不太好，他仅有的三个好朋友也并不宽裕，他从实验开始前就向我们说明了情况，并做好了完全借不到钱的准备。但实验结果完全出人意料，他的这三位朋友都在第一时间打来了电话询问情况。他们从床上爬起来，对朋友的遭遇感到十分焦急。虽然他们每个人都拿不出五千美元，但最后每个人都愿意出两千美元，这位参与者超额完成了任务！查尔斯与他比起来真是相形见绌。

塞勒尔对这位参与者的人际关系表示出了极大的欣赏，在定义

"能够借到钱的朋友关系"时，他说："这不是有没有经济能力的问题，而是彼此的关系深度决定的，是有没有'心'的问题。他如果认为你是很重要的朋友，即使再困难也会帮助你，自己没有钱会帮你想办法。他愿意和你分担痛苦，甚至陪你共患难。关系的深度决定了彼此的意愿，而那个随时可以联系的人，一定与你达成了'你情我愿'的共识，即遇到困难时，你愿意第一个找他帮忙，而他也乐于被你叨扰。如果你没有想到他，他甚至可能会生气。"

这种友谊通常需要建立在共患难的基础上，彼此充分信任，没有利益纠缠，一起经历过人生中很重要的时刻，参与了对方生命中的很多大事，对彼此来说是情感中不可或缺的一部分。

查尔斯为什么借不到钱？其实就是人际关系的深度决定的，他和朋友的关系建立在共享"荣华富贵"的玩乐的基础上，从未一起共过患难。甚至可以这样说，他们的友情中可能充斥了很多的利益关系。从社交的本质上来说，他们的交情其实很浅，一旦出现危机就会作鸟兽散，所以才出现了"他明明有钱却不肯借给我"的情况。

如果你的朋友不肯在关键时刻帮助你，并非人情太过冷漠，可能只是你高估了你们之间的关系。你的社交管理出现了严重的失误，对朋友的联系程度也出现了误判——你以为联系频繁的就一定交情更深。实际上，这些人肯定也有愿意无偿帮忙的朋友，只不过你不在他们的名单上。

在网络社交如此发达的今天，人与人之间友情的深度已经变浅了很多。人们对社交的时间进行电子化管理，对社交的联系人进行批量化管理，比如开始写电子贺卡、发电子礼物，就连节日祝福都可能是批量的，或者在朋友圈中分享虚假的感动，浪费大把的时间谈论那些毫无意义的话题。

在这种浮躁的环境下建立的友谊会有多么深刻？在你们的情感账户里，信任额度可能是零，那只是一个零价值的空头账户，你怎么可能从中提出余额来？所以，如果你没有一个愿意倾囊相助的朋友，可能是你对友谊的经营出现了问题。从现在开始积累人际关系的情感账户，学会划分朋友的级别，并正确地分配时间给那些真正重要的人——联系频率较低但愿意与你建立深情厚谊的朋友。你需要他们的时候，一定能随时打通他们的电话。

第六章　重塑内心：成为你想成为的人

◎ 很多人都存在“点赞焦虑”

我前不久在国内认识了一个人，他平时看上去就是一个很自负的人。他看谁都是一副“你算什么”的态度，在说话时总喜欢用下面这个句式：“你认识某某某吗？我跟他特熟，他是我朋友。”在炫耀自己新买的手表时，他会说：“好看吗？某某牌子的，某明星同款！”去应酬客户，他一定要与对方拍一张合照发到朋友圈，下面写上：“某公司老总，合作愉快。”总而言之，不管说什么做什么，他一定都要联系上一个比自己档次更高的人炫耀一番，以显示自己的品位高、人际关系广，告诉大家：我特别受人欢迎。

实际上，他的生活并不像自己在社交平台展示出来的那样幸福，他是天津一家小公司的部门经理，手底下管着七八名员工，每月的薪水不算太高。虽然开着一辆宝马车，但还与别人合租房子，宝马车也是他借钱买的。他在与人交往时表现出来的样子，其实只是为了掩饰自己生活的窘迫。他害怕别人瞧不起自己，因此刻意地夸大某些事情。说到底，这是用自负掩饰自卑，是对于自己严重的不自信，因此他要在社交中依靠别人的名义来抬高自己的价值。

无论是自卑还是自负，都是不自信的表现，它们会成为你在社交过程中的巨大阻碍，让你无法客观地看待自我，要么将自己看得太轻，要么太过高估了自己。

在现实生活中，很多人对于社交感到恐惧，他们信心不足，觉得自己这里不好，那里也不好——“别人一定看不起我！”于是，在与人交往的过程中常常感到自卑。他们不喜欢进入公共场所，也不爱参加聚会，凡是人多的地方，一定会找理由拒绝。

彭女士就是这样一个人，因为长相不好看，她平时特别不喜欢出门，只要出门就会戴上墨镜。她最害怕的是与别人进行眼神接触，墨镜就是她的一道安全屏障。躲在黑色的镜片后面，她有足够的理由安慰自己：“这样人们就看不到我的眼神了，他们就不知道我在想什么。”

有时在路上遇到熟人，她也会故意地把眼神瞥向别处，假装没有看到对方，以此来躲避“打招呼”的环节。在做出这样的举动时，彭女士心中会想：“反正我戴着墨镜，他们即使看到我没有与之打招呼，也不会责怪我。因为我戴着墨镜嘛，视线不太好。”

在躲避社交的麻烦时，很多不自信的人都有这样的举动——不去看对方，假装视而不见。这种做法无异于掩耳盗铃，一次两次，别人可能会认为你真的没有看见，但你总是这样，就会给人们留下没礼貌和高傲等负面的印象。

对社交充满恐惧的人，由于缺乏自信心，他们对外界的反应常常过于敏感，所以会错误地揣测别人的行为和态度。其实对方并不是他们想象的那样，只是他自己先入为主，在大脑中形成了消极的看法——他总觉得别人对他有看法。有了这样的念头，与人交往的时候，他就会刻意地观察和想象人们的言行举止，来印证他自己的这种想法。

小夏不太会打扮，衣着很朴素，她总感觉自己很寒酸。有一次跟朋友聚会，小夏和几个朋友一起坐在咖啡馆的中间位置，这个特别显眼的位置让她感到十分局促。刚坐下没多久，她发现不远处坐着两位打扮时髦的年轻女子，欢声笑语之间，她们忽然向她这边瞟了一眼，接着两个人便掩嘴笑了起来。小夏立刻低下头来，感觉自己脸颊滚烫："她们一定觉得我穿得太土，正在嘲笑我！"想到这里，小夏的头压得更低了，甚至委屈地流起了眼泪。

朋友发现小夏的情绪不对，立刻关心地问她怎么回事。她只好掩饰说："我突然肚子疼，你们玩吧，我先回去了。"

气氛很好的一次朋友相聚，就因为小夏的敏感和多疑而不欢而散。事实上，那两位年轻女子只是在讨论自己生活中的趣事，眼神不经意地落在了小夏这边片刻而已。她们根本就没有谈论她，甚至都没注意到她。

像小夏的这种情况，如果不及时疏导，就会引发信心方面的恶性循环：

她认为自己衣着寒酸，别人就一定会对她评头论足，并且说的肯定不是好话。

她在一切公共场合都会非常敏感，尤其会特别留意别人对自己的态度，人们随便的一个小动作她都会觉得是在嘲讽自己。

这种心态会引发严重的社交焦虑，令她自己更加不安，社交行动也更加不自信。

焦虑感会引发她的自卫行为，比如低头、掩面、遮挡等，为的就是不让别人看到自己的窘态。

但这些下意识的行为在别人眼里反而显得更奇怪，本来没注意到她，现在他们心里可能就会想："这个人太怪了！"

一旦捕捉到别人看自己时的表情，则会坐实她自己的想法："他们就是在谈论我，说我的衣服太土，不然为什么是那副表情？"

以上这一切都只能更加令小夏认定自己"很土"，因此她会更加恐惧社交。

小夏的自卑令她总是轻视自己，在工作中也是如此，即使是自己有能力胜任的工作，她也不敢轻易尝试。在这种状态中，她开始憎恨自己——憎恨自己的不完美，但又对此无能为力，这就让她变得无比的沮丧，也越来越自卑。

她应该换一种眼光重新打量自己，同时也要换一种心态对待别人的眼光与评价。别人怎么看并不重要，问题是你自己可以客观地审视自我吗？别人的评价再高，那也只是他们的一己之见，你自己怎么想的才是最重要的。

随着社交媒体的发展，互联网无处不在，渗透到了我们的生活中，越来越多的人开始喜欢把自己的生活片段展示在朋友圈中。一开始，大家都只是发一些日常的生活状态，和朋友互相分享生活的快乐。但是慢慢地，朋友圈已经沦为了人们争相炫耀的平台，人们开始发游艇、发豪车、发名牌包、发游泳池、发自己与各大名人的照片……一时之间，你如果没有一些吸引眼球的东西，都不好意思更新自己的朋友圈。

有位女性充满嘲弄地说："看到别人发的法国大餐，我都不好意思把自己炒的醋熘土豆丝发出来了。"

"别人的朋友圈每天都在狂欢，我的朋友圈每天都在加班，和他们比起来，我过得灰头土脸。"这是很多人对于朋友圈的真实感悟。对比一下别人的生活，觉得自己没有一点存在感，生活过得好像一点都不幸福。到了这种程度，充满"炫耀"意味的朋友圈已经失去了"交流与分享"的初衷，而是沦为了大家相互攀比的场所。

令人遗憾的是，"虚荣社交"让人倍感疲倦，但愿意从这种虚荣氛围中撤退出来的人却很少。如果不去朋友圈中分享自己的快乐，就好像快乐没有得到加倍一样。但在本质上，这也是缺乏社交信心的一种表现。

有一位学员对我说，他会在睡觉前去朋友圈发一些内容，通常是他白天拍的风景照或者在外就餐的照片，再加一段吸引人的文字。之所以选择在睡前发，是因为早晨一睁眼打开朋友圈时，他就能看到很多人给他点赞、留言。如果白天就发出去，他会不停地刷新，看有没有人给他点赞，有没有人评论。如果过了十分钟还没有人关注，他就会感到很失落、很郁闷、很焦躁——他会有一种自己不受欢迎并且被朋友圈遗弃的消极情绪。

在社交网络中，很多人都存在“点赞焦虑”，似乎得到的“赞”越多，就越能证明自己受欢迎；得到的“赞”少，就说明了这个人人缘不好。因此很多人为了博眼球，发一些虚假的或者出格的内容，只为了得到他人的关注。这些都是缺乏社交自信的表现。这种没有自信的表现，背后隐藏的是最普通的社交焦虑，他们喜欢高估问题的严重性，低估自己对于世界的适应能力，这必须引起我们的警惕。

◎ 学会主动摆脱“情绪社交”

学员梅丽莎对我说，她是一个对情绪特别敏感的人，经常被别人的坏情绪牵着鼻子走。比如她自己的身边有一个朋友，压力非常大，每天家长里短的各种问题。每次遇到问题之后，都要跑过来向她宣泄。她每次都和朋友同仇敌忾，朋友生气她也生气，朋友哭她就跟着哭，到最后朋友没事儿了，她却久久地义愤填膺而不能自拔。有时朋友情绪低落，对身边的人不理不睬，她也会莫名其妙地受到对方的情绪影响，自己跟着生了一肚子的闷气，却还不知道为什么。

“为了安慰她，我常常会愚蠢地‘牺牲’自己的一些小秘密来换取她的同理心，让她形成一种‘原来她过得也不怎么样’的心情，这样尽快地把她和我，都从坏情绪中解脱出来。但每次这样做之后，我都非常后悔，因为一旦我们俩发生矛盾或者争吵，我的这些秘密就会成为她攻击我的工具，这真是让人沮丧。有时我会下决心不再理她，就算她不高兴也装作不关心，这样她就没办法再影响我。但我太小瞧自己的同情心了，为了维持友谊，我根本做不到对她置之不理，每次都被她可怜的眼泪‘欺骗’，结果自己又陷入糟糕的情绪中好几天。是我有心理问题吗？我到底该怎么做才能抵制别人的不良情绪？”她对此感到非常抓狂。

梅丽莎的问题很普遍，仅最近一年，我和我的同事便接到了几百份同类型的咨询。被别人的情绪牵着走，其实不是一个人单向的问题，而是双向的：有人向你传递负能量，你的抵御能力又低，所以你才会受到影响。对于诉说的人来讲，你是一个好听众，同时也是一个合格的“垃圾桶”，对方尽可以把自己的所有垃圾情绪都倒给你，负能量转移过来，他自己就轻松了，而你却成了这种坏情绪的承接者。

梅丽莎的朋友，就是我们在本书一开始便讲到的“垃圾人”，他们本身就被各种“生活垃圾”缠身，全身心的负能量。一碰到梅丽莎，他们恰好找到了一个“垃圾桶”，当然会尽情地倾倒。“垃圾人”就像病毒一样，有着强大的传染力，你即使天生是一个乐天派，也架不住每天在那种环境之下被一次又一次的“攻击”，久而久之，你的生活就会像“垃圾人”那样充满了情绪的雾霾。

如何抵抗别人传染给你的不良情绪？

在生活中，要如何才能抵制别人传染给我们的不良情绪？

首先，学会抵制如前所述的那些“垃圾人”。当对方企图向你投掷垃圾情绪的时候，立刻转身躲开，而不是迎合上去承担你的“朋友义务”。

不久前有一则新闻，讲的是一对小情侣在餐厅吃饭，旁边一群喝醉的人对着这位漂亮的女孩吹口哨，进行语音骚扰。男朋友不予理会，对女朋友说：“反正我们已经吃完了，赶紧走吧！”他的女朋友却很气不过，抱怨道：“你也太怂了，是不是男人？”男朋友解释说：“都是一群喝醉了的人，犯不上跟他们计较。”结果女朋友怒气冲天，骂完了自己的男友，又去骂那群醉汉，双方厮打起来，她的男朋友被捅了三刀，最后抢救无效死亡。

如果女孩像她的男朋友一样，不去理会那群醉汉，这样的悲剧就不会发生。但女孩却选择去迎合那些人的坏情绪，自己主动地被传染，结果自己也成为一个释放坏情绪的“垃圾人”，酿成了最终的悲剧。

在“情绪社交”中，另一种常见的情况是“路怒症”。在交通阻塞的情况下，人们很容易把开车的压力和生活中的焦虑一起发泄出来，汇合成一股愤怒的情绪，然后发作到无辜的路人身上或者同车的朋友身上，有的是做一些粗鄙的动作或者破口大骂，有的则会造成危险驾驶，故意伤害同行的其他车辆。如果恰巧有人自我控制能力较弱，接住了他们倾倒的垃圾情绪，一场交通事故就出现了。

有一次，我和朋友驱车前去参加一次商业峰会，结果在路上遇到了严重的红绿灯故障，致使整个十字路口都发生了堵车。在恢复通行时，我们的车子行驶在一条正确的车道上，后面有辆车突然斜插上来，眼看就要与我们的车发生擦碰，我立即踩下急刹车，躲过了这一劫。结果，那辆车的司机丝毫没有歉意，而且还从车窗里伸出头来对着我们大喊大叫。朋友很生气，他对我说：“那个家伙差点害死我们，还差点毁掉了车子，你怎么一点不动怒？”我说：“碰到这样的人，生气不但解决不了问题，反而让事态变得更加糟糕，因为他们巴不得找一个人生气，这样他们内心的坏情绪就有地方发泄了。如果我们追上去以牙还牙，针锋相对，最后我们就被传染了，岂不是得不偿失？因此，遇到这种事情时，最好的选择就是不要予以理会。”

对于情绪的“垃圾人”，我们不需要回应他们，只要报之以微笑，转身离开就可以了。因为你越理他们就越麻烦，后果经常超出我们的控制，这既影响了好心情，又浪费了美好的一天，到头来损失的是自己的正能量。

在生活中，如果你总是避免不了遭遇到“垃圾人”，一定要学会主动地拒绝他们。比如，你发现对方开始喋喋不休，不停地抱怨，你尽到“朋友的义务”对他进行了安慰，但他仍然没有停下来的意思，这时你就别再当一名被动的倾听者——主动地切换话题，打断他继续说下去的意图。你可以谈论一个彼此都了解的轻松类话题，迅速地改善之前的不良情绪。这个方法通常都会产生积极的作用，在阻止了坏情绪传染的同时，也将朋友从负面情绪中解救出来，除非是那些“太过自我”的人才会例外。一般情况下，当你转移话题时，对方就能意识到问题之所在，你对他所说的事情失去了兴趣，他会自然而然地加入新话题的讨论中。如果你的这位朋友不幸是那种只管自己痛快、不顾他人死活的家伙，依旧向你倾倒垃圾情绪，那么不要再害怕影响你们之间的关系，直接找借口离开。

◎ “圈子不同，不必强融”

加利福尼亚州大学伯克利分校的一位人际关系学家罗泽说：“朋友是什么？朋友就是男人的香烟，女人的零食。有了它们，我们的生活会变得充实和更有乐趣，人生会更完美。但是没有它们，生活也不会有什么重大的变化。”罗泽要表达的意思是：社交对人生当然很重要，但并非不可缺少，尤其是那种知音式的好朋友，我们必须宁缺毋滥。千万不要因为自己害怕孤独，就盲目地结交朋友，还不加分辨地误认为一些人就是自己的知音。

罗泽讲到了一个发生在他邻居家的真实故事。邻居刚刚从外地搬过来，有一个女儿叫安娜，也跟随父母来到本地上高中。安娜很内向，性格有一点孤僻，又是转校过来，一直到下半学期时，仍旧没有在新学校交到一个新朋友。与此同时，安娜的行为也有些不正常，她每天按时上学和放学，但放学一回家就把自己锁到房间里上网，很少跟父母交流。

由于安娜的性格一向如此，父母并没觉得有什么异常，他们认为女儿可能就是喜欢独来独往，不愿意跟人交往，在鼓励了多次之后也就不再多说了。直到警察打来电话的那天晚上，他们还不敢相信一向乖巧的女儿竟然跟外面街道上的“不良分子”有所来往。

安娜从社交平台上加进了一个群组，当初她就是被“孤独会上瘾”这个名字吸引进去的。进入这个群组的每个人都要“坦诚”自己的年龄、所在的城市、性格、职业等所有的个人信息，然后就会有一群早就加入的人欢迎他们这些新人。起初，大家分享的都是性格、人际关系和心理方面的问题。很多人说自己患有孤独症，身边基本没有朋友，自己也融入不了社会的群体生活等。他们都渴望自己能交到一位知音。

对此，安娜感同身受，慢慢地也敞开了心扉，并且和几个聊得不错的群友成了朋友。他们就住在附近的街道。在这之后，几个人就开始约安娜见面，并且教唆她逃学。一开始，安娜感觉很为难，这不是她想干的事情。她虽然处理不好人际关系，交不到好朋友，但她仍然是一个遵守纪律的好学生。但是，她同时又把这些人当作自己的朋友，甚至是知音，心中十分矛盾。这些人不断地给她洗脑，告诉她说："年轻就要疯狂。""没逃过学的人生会有遗憾。""走吧，我们带你去寻找真正的自由！"慢慢地，安娜的心理发生了变化，她开始认同他们的观点，开始觉得自己活得太"卑微"了，因此需要疯狂一把。

她在网络上结交的这些所谓的"知音"，其实都是一些中途辍学的年轻人。辍学之后，他们都没有什么正经的工作，整日泡在夜总会等娱乐场所，经常在街头流窜和寻衅滋事，其中两名男孩还进过警局。安娜跟他们开启了"疯狂的人生"之后，偷偷地文了身，并且学会了撒谎逃学，她常常以身体不舒服要去看校医的理由翻墙出去和朋友见面。不过她的运气比较"好"，事情一直没有败露。这次，当地警察给她的父母打电话，是因为她涉嫌盗窃而被发现。

前不久，安娜逃学和朋友们去玩，他们到一家便利店购买饮料，付款的时候发现店内只有一名年龄较大的女性员工。她的两个朋友顿时起了歹心。在付了饮料钱之后，他们让安娜在门外等着，然后从店内偷了很多东西出来。他们一边匆忙地奔跑，一边催促她赶紧叫一辆出租车。安娜当时脑子一蒙，完全听从了他们的指示。当天晚上，便利店的人报警。安娜以为自己与此事无关，但她的两个朋友一口咬定她是在外面望风的，安娜百口莫辩，成为这桩盗窃案的“帮凶”。

在后来的问询中，警察问安娜为何要和社会上那些来路不明的陌生人交往。她回答说，是因为自己在学校没有好朋友，她感觉内心特别孤独，这几个人和她聊得来，让她打开了自己的心扉。她觉得自己一定要抓住机会和他们成为朋友，否则她的人生就太可怜了。

生活中有很多和安娜一样的人，因为在现实生活中很难交到朋友而倍感孤独，于是就把所有的希望都寄托在了网络上，他们轻易地相信别人，结果病急乱投医，变得盲目而愚蠢——有人和自己多聊了几句，他便以为对方就是自己的朋友了。

殊不知，就算是熟人也会在我们面前刻意地伪装，闭口不谈他们自己真正的缺点，何况是陌生人？在网络世界中，人们都会伪装，他们只会展示自己“好”的一面，并把某些包装出来的优点不断放大，而“恶”的那一面却深深地隐藏起来。这就容易使人产生一种错觉：以为自己交到的朋友是一个优秀或者完美的人，奋不顾身地想要成为对方的好友，并把对方当成自己的知音。

不要因为孤独而去结交朋友，要在孤独中提升自己对友情的认识

年轻时，有很多人都经历过类似的阶段，他们这种内心冲动的感觉是非常盲目和感性的，除了对方自己展现出来的，你从未真正地了解对方是什么人，做过什么事，交往的都是什么人。就像安娜，她以为自己的朋友愿意承认某些缺点（辍学、社交恐惧症等）就是“坦诚”的表现，结果他们“道德缺失”的最大缺点在一开始却并未暴露出来，欺骗了她的眼睛和感情。

现在，很多成年人也在犯下和安娜一样的错误，他们由于耐不住寂寞，忍受不了孤独，就开始盲目地结交朋友，打发空虚的时间，根本不在意自己所交朋友的质量，有的人甚至因为寂寞而过度地滥交朋友。这种盲目的交友行为并不能使他们的人际关系得到改善，对他们的生活质量也没有任何有效的帮助，只会让他们更加孤独。

所以，不要再因为内心的孤独就去轻易地结交朋友。孤独感是没有任何人可以帮你解除的，有朋友相伴时，你的感觉会好一点，但等这个人离开后，你还是会陷入过去的情绪中。没有谁可以一直陪伴在你的身边，从出生到死亡，我们都只能是一个人去面对。只有使自己变得强大和坚韧，承受没有知己和朋友的痛苦，我们才能塑造一个坚强的、理性的和智慧的“自我”。

就算知音难觅，也不要轻易放弃原则

也许你已经有了很多的朋友，但他们都不是知音。知音是什么？

就是我们生命中的知己，他是一个从心灵层面理解你和支持你的人，是不管遇到什么事情都能够和他分享、共同承担而不用担心他会怎么看待你的人。

现实中，一个知音式的朋友未必就在你的身边，他/她可能在另外的一座城市，你们甚至不经常联系。就像杭州的陈老和我的关系。但只要遇到生活中的疑难杂症，你不好意思对朋友诉说的时候，他总是你第一个想起来的人。知音总是能不负所托，给我们开出最好的处方。

相较于其他关系，知音对于两个人的精神契合度要求更高，是那种只需要我们一个眼神、一个手势，他立刻就能会意的关系。这对两个人的价值观、知识层次、认知水平有着极高的要求，如果一方未能达到另一方的标准，两个人就很难成为知音。这意味着要寻找一个知音是非常困难的，但正因如此，我们才不能轻易地放弃社交的原则。降低标准盲目结交，只会让我们更难寻找到可以在心灵层面交流的朋友。

◎ 有意识地节制自己的社交

从十几年前智能手机诞生并且与互联网建立密不可分的联系以来，我们的生活发生了翻天覆地的变化，“过度社交”开始成为一个普遍困扰人们的问题。有的人对其视而不见，任由“失控的社交”完全掌控自己的生活，也有的人开始重视这个问题，有意识地节制自己的社交。但是我们在研究中发现，人们尽管尝试摆脱这些社交过度的麻烦，却很少能找到对自己切实有效的方法。

在北京工作的李凯今年年初时为自己做了一份控制社交的计划，他决定除了必要的工作邀约以外，不再参加任何吃喝玩乐性质的私人应酬。这是一个大胆的决定，在前几次非常痛苦的“拒邀”之后，朋友们开始意识到李凯可能是“认真的”，便自觉地不再邀请他，任何活动都不会通知他，电话、短信、微信等一切社交方式都在他的世界中销声匿迹了。过了一阵子，李凯又出现了“社交脱敏症”：

“现在，我下班以后完全不知道该做什么，我感觉自己的人生失去了方向。”

以前，下班后他都会和朋友吃饭、喝酒、打球、K歌、泡酒吧……直到筋疲力尽，再没有余力开展新的活动才会回家，一觉醒来后接着上班，下班后继续那些熟悉的社交活动。但是现在，下班后只有他自己一个人——他完全没有准备好应对这些空气中布满寂寞的时间。为此，李凯跟几个比较有经验的朋友对这个话题进行了交流，他们都建议他看书或者锻炼。

李凯采纳了他们的意见，每天下班后就一头扎进健身房，健身回家后就看书，但在这些项目都完成后，仍然有一些闲暇的时间是无处打发的。一时半会儿，他也找不到自己感兴趣的事情，在没事做的时候，他又开始非常地渴望社交，尤其是老想拿起手机联络朋友。事实上，就算是在健身和看书的间隙，他也没有停止过关注微信和微博，朋友们一有新的动态，他总是忍不住想要去评论。结果没多久，李凯的节制社交计划就宣告失败了。

对此结果，我一点也不感到意外，因为这个计划从一开始就存在问题：

第一，节制社交不是停止与他人的交往，而是要对自己的社交关系进行精简，停止无用的社交，有益的社交仍然要正常进行。

第二，节制社交直接要面对的问题就是闲下来的时间如何分配，如果不对此进行合理的安排，寂寞就会打一场漂亮的翻身仗，“节制社交”的计划必然不会持续多长时间。

李凯在这两个问题上都没准备好，就一腔热血地停止了自己的一切社交活动，却没有想过接下来的时间怎么安排。于是，他品尝到了孤独的苦滋味，最终又乖乖地向过去的社交状态投降了，他又变成了一个社交失控的人。

本质上，他之前的努力属于一种消极应对的社交节制计划，因为在这个计划中，除了非常坚定地做出了这个决定外，在其他的环节他都没有掌握任何的主动权，一切节制社交后的活动都是被动的——他被动地打发时间，被动地读书，被动地不与人联系……他之所以能坚持一段时间，完全是出于对自己面子的维护——过早地回归朋友圈，会被朋友们嘲笑和鄙视。这是他不能接受的。

积极的社交节制和李凯的做法完全不同，一个人如果被社交困扰，他会对社交活动感到厌烦，在合理计划的安排下，主动地避开那些不必要的应酬，而且，这会使他快乐，体会到心灵的自由和解放。李凯则不是，他在脱离社交后感觉到的全都是痛苦。对他来说，一个人的独处不是解放，更像是一种惩罚。

积极的有节制的社交应当是在保持我们健康的社交关系的基础上，最大限度地开发独处的时间，这些节省下来的时间被合理有效地利用，使我们的生活质量得到根本性的提升。

不久前，钱伯斯曾经在互联网上发起一场关于“有效社交观”的大调查，收到了来自世界二十多个国家的大城市的反馈。

在来自上海的调查结果中，我们发现：“90后”的社交观与“70后”“80后”的人有着很大的区别。出生在1990年之前的年轻人，对于和邻居、老乡建立社交关系还保有比较纯粹的“远亲不如近邻”“多个朋友多条路”的情结，但在1990年之后出生的孩子，他们对于有效社交的认识，早已经建立在了职场跳板、人际关系拓展的基础上。他们注册诸多的社交账号不仅仅是为了约会，更重要的是为了升职和遇到自己生命中的“贵人”。

在洛杉矶，有位名叫丹尼尔的24岁年轻人同时下载了十二个不同的健身软件，然后注册了十二个不同的账号，却每天在各大账号上发布同样的讯息。有人问他："你只需要注册一个账号就行了呀，这些软件都是大同小异的，为什么要浪费那么多时间注册多个账号？"

丹尼尔的回答是："在不同的软件上，你会遇到不同的人，不同的社区，同时注册十二个账号，就意味着我有十二个机会，而把所有精力都用在一个账号上，我的机会岂不是只有一个？"

这是一个令人瞠目的观点。在丹尼尔的目标里，下载健身软件不是为了健身，而是为了遇见不同的人，建立不同的机会。他在每个社交账号里加入的人，都可能成为自己未来道路上的"开门人"，这才是社交网络对他最大的诱惑。

对此，钱伯斯说："在年轻人的社交世界里，游戏规则不断被刷新，但功利色彩却始终如一，而且越来越浓重。伴随着智能手机出生的这代人，从出生起就被种下了互联网的基因，他们高度依赖网络社交，并从中尝到了甜头，这种热情可能会一直持续到死。"

对于有效社交，"90后"也给出了更新颖的解释。北京有一位名叫薇薇的女孩，从事媒体公关行业三年，从一个"恐惧社交"的新人，到现在成为擅长社交的达人，她感觉自己得出的最重要的一条节制社交的要领，就是"拿捏好社交的距离"。

在谈到自己对待"私人社交"和"工作社交"的区别时，薇薇说："举一个例子，假如我今天心情不好，朋友约我吃饭聚会，我一定会拒绝，因为朋友之间太过了解，你稍微有点不对劲，她们总会第一时间发现，就算你刻意掩饰，这场聚会也是不快乐的，这样的聚会就失去了意义；如果我今天不开心，但有工作应酬不得不参加，那我一定会克服一切困难去完成工作，这是职业素养，个人情绪不能牵扯进来。这两者的区别在于：一个需要真诚，一个需要专业。就像你不会约朋友去吃商务餐，也不会邀工作对象去电影院谈工作一样。工作中的社交多是为了在短时间内达成目标，如果有深入交流的必要，也会约在尽量公开化的场所，但私人社交最需要的却是情感的交流，以及必要的私密性。"

不论私人社交还是工作社交，对于"有效"的定义，一定是能完成某种既定的目标，只不过，一个是出于情感上的目标，一个出于工作上的目标。这就需要我们学会合理地精简，从社交活动中梳理出哪些对于达成目标是必要的，哪些是可以避免的。在某种程度上，高质量的社交和人际关系都是在精简和控制中达成的，那些毫无节制的社交，通常费时而且无用——投入了巨大的精力，其实收获很少。

有人问我："如果我节制自己的社交，那如何处理'认识人的数量和人际关系之间'的关系？如果不在社交时间上投入大量精力，我如何获得高质量的人际关系？"

这两个问题的逻辑看起来并没有问题，好的人际关系一定需要认识相当数量的人，而高质量的社交关系必定也要更多的时间去维护。但反过来推演一下，这个逻辑就出现了问题：

那些投入大量时间在社交关系上的狂人就一定有好的人际关系吗？花费大把的精力社交就一定能收获高质量的人际关系吗？

社交的确是我们社会活动中很重要的一部分，但要有控制地去进行。你不能因为需要人际关系就把一切精力投入到社交上，也不能因为不需要他人的帮助就像李凯一样抵触一切社交。社交在我们的时间分配中占有重要的一席之地，好的人际关系对我们的工作和生活来说是事半功倍，但这个度一定要把握好。比如，我一直主张社交时间最好不要超过工作时间的一半，这是我一直提倡的50%法则。否则，你就会失去大部分的工作能力锻炼时间，最后，你可能是捡了芝麻丢了西瓜。

谈到社交的尺度，有很多可能会引起别人反感的“社交忌讳”也是需要引起重视的。比如“礼物是轻是重”的问题。

有一位女孩曾经在网络上发帖抱怨：自己的朋友从国外回来后，送给自己的礼物竟然是某化妆品牌的小样，上面赫然地写着“赠品”的字样，这让她有种被羞辱了的感觉。原来只是一个“吐槽”帖，没想到得到了无数人的赞同，评论的数量短短一天内就累积到了五百页。很多人都有过被礼物“侮辱”的遭遇，有的人说自己生日礼物收到过五毛钱一个的塑料发卡，还有的人被不断地“赠送”旧衣服。送礼的人也许觉得“礼轻情意重”，但在收到礼物的人眼里，这却是一种“对方竟然轻视我”的行为。

还有的人出手过于大方，送的礼物太贵重，收到礼物的一方不知该如何答谢和回礼，这也会引起对方的困扰。对礼物的态度，反映出来的其实就是人们对待社交是否节制。坚持节制原则的人，他们不会介意朋友送的礼物是大是小，是轻是重。

当然，选择礼物的一方也有许多工作要做。你如果实在没有合适的礼物赠送，大可以不必送，或者以非购买礼物代替，比如写一份充满感情的书信、制作一张贺卡、请朋友吃顿饭，等等，这都比送的礼物不恰当引起别人的反感要好得多。

除了礼物的问题，一些不恰当的“社交忌讳”还包括：

过度的示好，比如拍马屁、言过其实地夸赞别人；

在别人不方便时拜访联络，比如登门前没有预约、晚上十点以后打电话；

不准时赴约，过早地到达约会地点或延后到达；

在约定时间未到的情况下，就频繁地催促对方；

……

这些都会给别人留下不好的印象，是社交失控的表现。如果没有这样的意识，你一不小心就会得罪别人，无意中就影响了你们之间的良好社交关系的建立。

当你察觉自己可能因为某些疏忽开罪了别人时，及时和真诚的道歉是非常必要的。既然想要维护好一段关系，就不要太在乎面子问题，道歉并不影响你的形象，死要面子才会带来不可估量的损失。

有些年轻人在社交关系中经常摆出趾高气扬的姿态，有时明明是他自己做得不好，却还把责任推卸到别人身上，觉得别人对他不宽容；有的人是觉得他自己什么都好，什么都对，别人做不好就是“情商低”。不论是哪种态度，都无益于良好社交关系的建立。所以，拿捏好这之间的度就很重要。这些都需要我们有积极节制的态度。

第七章　自在独处：做个“高段位的孤独者”

◎ 人脉不是万能的，要学会独立思考

对身处于繁忙与复杂的社会活动中的人们来说，社交是一个永久不变的需求。没有人可以完全不依赖别人而生活并且活得很好，我们大多数的生存活动都要靠与别人的交换和交流来实现。在复杂的社会生活和激烈的竞争中，除了家人无理由的爱与帮助，大多时候，人们都更需要朋友的陪伴。我们是如此渴望朋友，除了生存的考虑，更多的则是功利的需求——通过社交来达成自己的目标，从中更大地获益。

社交的本质自然是功利的，社交的基础在于价值的交换，就像交换商品一样。这一点无可置疑。如果我有价值而你没有，那么你要拿什么来和我交换？我为什么要成为你的朋友？人们总是这样认为的。因此，在社交活动中，我们想要获得什么，首先就要具备得到这些的价值，就像一个想进入上层社会的人，如果他本身不具备可交换的价值，那些显贵之人为什么要对他感兴趣，并且弯下腰来与其结交？

所以，当有些人被人际需求牵引着拼命地努力，就像无头苍蝇一样到处寻找可以让自己扶摇直上的“贵人”时，他有没有理智地

思考过自己的真实水平？当他热衷于模仿少数成功者的经历时，有没有独立思考过那些人为什么能成功？成功真正的原因是什么？那些成功是个例还是具有代表意义？

不论你的目标多么远大，请相信，社交只是达成目标的一个小小工具而已，并不是向成功敞开的大门。从现在起，别再跟风思考，独立和理性地思考自己当前的社交策略到底有没有实际意义，你的真实需求是什么。

当开始慎重地审视这个问题时，你头脑中的理智就被激活了；当你跳出那些过于功利的社交方法，转而投身于思考社交的真正意义时，你就已经开始独立思考了，光明的前景正向你招手。

成功不是靠模仿

人们在宣讲一个道理时，喜欢附上诸多成功的案例来提高这个道理的说服力。因此，那些成功企业家、名人的事迹总被我们当成一种模板拿来在现实中参考。人人都深深地相信，自己只要像“他”那样行动，像“他”那样获取人际关系，就一定能迎来更大的成功。

事实真的是这样吗？我认为恰恰相反，现实中我们发现读了更多的成功学的人更难以成功。他们畏首畏尾，瞻前顾后，因为已经有模板给他做出了示范——他们变得教条主义，相信自己那样做也会失败，或者相信自己那样做也一定会成功。

这是一种十分高明的洗脑，人们总是会被少数成功的个例迷惑，从而轻易地得出一种谬以千里的结论。只要稍加思考一下就会明白——马云是成功人士，模仿他、崇拜他的人很多，但为什么学习了这么久，中国依旧只有一个马云？

成功不是模仿来的，人际关系也不是万能的，要学会独立思考。我的观点是："大部分的成功都是偶然，失败才是人生的常态。"学会脚踏实地，用自己独特的路线书写成功。就算是崇拜成功者，或者欣赏那些五花八门的人际关系理论，准备扩展自己的社交，也应该从自身的实际情况出发。

要知道，成功者的故事不是让我们模仿的，而是为我们提供一个总结和思考的基础，我们要从中总结出他们成功所具备的品质共性，然后再结合自身的需求制订一个可以实现的方案，再坚定地执行。

你真正想要的是什么？

我发现很多人并不知道自己真正想要的是什么。他们的人生缺乏目标，没有信仰，在生活和工作中得过且过，如同一个平庸的老人。也许有的人会说，我想要钱，很多的钱；或者说，我想要一座大房子、一辆豪车，拥有一家成功的企业……这些能够看得见和摸得着的东西其实并不是人生目标，而是欲望。欲望和目标的区别在于，欲望在实现之后会产生更大的欲望，而且永远不会满足；但一个伟大的目标完成了之后就会让我们产生足够的满足感，停下来也不会感觉空虚和失落。

如何才能了解自己真正想要的东西是什么？

这不是一个深奥的话题，每个人都可以这样问一问自己，既不需要读高深的书籍，也不用请教大师。有一个很简单的方法，找一张纸，泡一杯茶，安静地坐下来，认真地把自己想要的东西写下来。不要怕太多，有多少就写多少，不要欺骗自己的内心。

对照自己写下的列表，一条条地问自己："这一项完成后可以改变我的生活吗？会给我带来什么？我还会有别的欲望吗？"

这时你就会发现，我们真正想要的东西其实常以精神体验的方式存在，它并不具体，像一种幸福满足的感觉，它更体现了一种价值观，不是外物可以轻易动摇的。人人都想要的车子、房子并不能作为我们的人生目标，它们只是一些工具性、功利性的欲望，是漂浮于表面上的。真正能够让我们感觉到满足和幸福的，并不是房子、车子本身，而是房子带给我们的安定感、车子带来的便捷的出行体验。

假如你已经找出了自己真正需要的东西，发现自己最重视的是什么，你也就知道了哪些才是自己想要实现的价值。对于这些价值的需求，你还可以独立地做出判断，屏蔽掉那些外界浮躁的声音带来的干扰。而且，你还能为这些目标划分它们的优先秩序：

哪些目标需要排在前面，哪些目标需要排在后面？

你能对此列出一个详细的清单，做出理性的判断。最后，再结合自身的情况——能力、兴趣、社交特点和朋友质量——做出一些贴近实际的计划。最难的地方不在于发现和定位我们对于社交的需求，也不在于如何制订计划，而是怎样在海量的信息和社交环境中保持独立思考。学会在一个人的状态中想清楚这些问题，才是真正的成熟。

◎ 思考并提高自己抵御孤独的能力

谈到“孤独”这个词和它代表的意义，我相信每个人都对此深有体会：我们害怕一个人吃饭、不想一个人逛街、害怕自己待着、害怕没人陪……孤独并不是个别人的标签，而是人活下来就会相伴相随的一种人生体验。一个人即便混得再好，他的朋友再多，夜深人静时也会感觉到一丝油然而生的孤独，在繁华落幕时也会看到落寞，遇到困境时也会体味到世态炎凉。孤独感像我们的影子一样，驱逐不掉，挥之不去，来的时候不打招呼，常常令人措手不及。

孤独并不是毫无来由的，它是一种中性的情绪，是人类对生存下去的渴望，以及因为失掉安全感而产生的情绪反应。当你一个人走在静悄悄的黑夜里时，尽管路灯闪烁，但你总担心身后有人尾随。如果此时有人和你并肩同行，你就感到安全很多，这是正常的情绪，是大脑的防御机制；面对工作中的激烈竞争，身边没有朋友，你就会深切体会到一种孤身奋战的残酷；假如有人拍拍你的肩膀对你说“我支持你”，那么你便感觉自己浑身都充满了积极的力量；当亲人渐渐离世时，那种孤零零地活在世上的体验也会愈发清晰；而如果你有了一个不离不弃的伴侣，这种孤独感就会相对得到抵消。说到底，孤独的本质是人性的自私，也代表了我们对群体安全的渴望。一个人想要抓住的东西越多，他就会越恐惧孤独。

人们了解自己的孤独，害怕孤独，但有几个人能够坦然地面对孤独？大多数人都在想尽办法逃离孤独的牢狱。他们宁可违心地加入群居的聒噪，也不要独守孤独带来的心灵的宁静。尤其是在这个浮躁和功利的社会环境中，各种书籍和理论都在鼓励人们去大胆地社交，不择手段地构建人际关系，去团队制胜，群狼作战，但极少有观点让人去学会孤独，享受孤独。

没错，社交本就是一种功利的行动力的体现，但我们在强调功利的社交之前，是不是应该先学会一个人思考并提高自己抵御孤独的能力？

孤独会让你变得更优秀

人人都想在自己喜欢或擅长的领域做到优秀的境界，受万人瞩目，却没有几个人能够和愿意忍受到达优秀之前的机械、枯燥与一个人奋斗的孤独，因此这个世界优秀的人才会那么稀少。人们大多是活在对未来的憧憬之中，一边纵容自己享受当下的安逸，一边却又责怪环境给自己的成功机会少之又少，或者抱怨自己的人际关系不够强大。

事实上，任何成功都是在孤独甚至难以承受、无人援助的困窘之中产生的，你只看到了成功者在功成名就之后的“繁华傍身”与“名利双收”，却未看到他们在成功之前踽踽前行的孤独与坚定——一个人忍受着无人理解和关注的艰苦付出，才是使他们成功的最大的推动力。在普通人的眼里，很多成功者的故事都有离经叛道之嫌，但在成功者自己的心中，那些不落俗套的体验却是成功之路上必备的经验。

众所周知，苹果公司的教父级人物史蒂夫·乔布斯曾经非常叛逆，年轻时吸食大麻，还是一个出了名的嬉皮士。他当时也信奉印度的佛教，为了去印度朝圣，才19岁的他就决定离开里德大学去找一份工作——只为了赚够去印度旅行的钱。后来，乔布斯去印度的村庄待了7个月，正是这次亲临其境的旅行彻底改变了他对于生活的认识。

尽管乔布斯并没有提及自己从这趟印度之旅中领悟到了什么，但是我们将他回来后做事的执着，对比之前的玩世不恭，就可以看到他至少在这趟旅行后变得坚定和沉静了许多。

孤独会让你学会独立思考

我们并不能武断地认为孤独是一种多么重要的财富，但当一个人开始坦然地面对孤独、面对自己的内心，而不是将大部分精力投放到外界和别人身上时，说明这个人终于开始真正地思考人生了，这也是走向成熟和成功的第一步。孤独会带来许多难以名状的失落感，同时也会带来另一种别有滋味的清醒的精神体验。

小陈是上海一所知名大学的在读研究生，同时也是一只“烤鸭”（不停地考试的人），目前还被家里逼着考研究生。他的生活十分枯燥，除了学习就是考试。到目前为止，他一个人看书考试的日子已经快一年了，社交活动十分稀少，但小陈已经适应了这种生活，甚至对之非常享受。

“当一只‘烤鸭’是我自己的决定，为了将来在职场上更具竞争力，我只能多学习，在知识的储备上下一番功夫。比如，英语一直不是我的强项，几次考试失利都是英语拖了后腿。为了能静心学习，我咬了咬牙，狠心将手机关掉了一个月，刚开始的那一段时间真是不适应，一个人待在宿舍里、图书馆里、自习室里，身边一点动静都没有，可手机就在旁边。虽然没有开机，但总忍不住想伸手去摸一下。后来，我把手机扔到了看不见的地方，从不带在身上。渐渐地，没有电话、没有网络社交的生活成了我的生活常态，不再有朋友的聚会打扰，也没有父母的唠叨，自己的学习效率一下子便升了上去。回想起以前那种依赖网络社交生活的日子，现在才发现这么些年的光阴都被虚度了，我们根本没必要与朋友如此频繁地联络，与其把时间浪费在一大群人一起抱怨生活上，不如耐下心来多背几个单词，多读几篇文章，多了解一些未来用得到的知识。虽然有时候也会感觉十分寂寞，会让我想要和朋友聊几句，但后来发现真的聊起来了，却都在说些不痛不痒的话，聊完之后反而感觉更加孤独了。现在我终于明白，与其花时间讨好别人，维持无效的社交，不如把时间用来充实自己，享受孤独带来的这段枯燥的时光，为将来做好准备。”

人们在感受到孤独的时候，会本能地想找个人陪伴，以便从孤独中彻底解脱出来。但别人的陪伴对自己只能起到一种短暂的麻痹效果，并不能解决心灵根源上的孤独。朋友相聚也许会带来一定程度上的愉悦，但是散场之后呢？你还是要回归到自己的生活中来，继续和孤独搏斗。所以，不要单纯地用社交来解决内心的孤独感。

学会一个人生活是成长的必修课，也是人人都有在某段时期的经历。任何喧嚣都是短暂的，人生路上的大部分时间，你都需要一个人去走，也许眼下很艰难，但坚持走过去之后，你才会发现自己成长了许多。

有人说，忙碌是解决孤独的一剂良药，确实如此，如果你总感觉空虚，说明你并未真正地努力。要知道，每个优秀的人都要经历孤独的时光，机械的、重复的、枯燥的、无人诉说的阶段，没有人理解你到底在做什么，他们还会妄加指责。但这根本不重要。我们要做的事情为什么一定要让别人理解，并且让别人做出评判？

现实中，人们在被人误解的时候多数会立刻解释自己、澄清自己，因此，独自消化压力变得十分困难——“如果我不告诉别人，他们一定会认为我一无所成”。所以你会看到，人们都喜欢把自己的伟大目标告诉别人。在目标尚处在计划的阶段，甚至仅仅是一个不成熟的想法的时候，他们就到处宣扬自己准备做什么事情。这在一定程度上就是一种巨大的压力，因为说出去的话就是一个承诺。你如果做不到，就会给人留下“非常不靠谱”的印象。

那些恐惧孤独的人，真正言出必行的人有几个？他们中的多数人都夸大了自己的忍耐力、意志力、执行力，最终还是败给了“无法忍受孤独”的心态，结果总是容易半途而废，别人对他的评价呈现出一条先扬后抑的抛物线。

在漫长的奋斗和通往优秀境界的道路上，你总会感觉到“我太孤独了”，然后渴望社交，并沉浸于过度的社交中。因为没有人看到你的优秀，也没有人给你义无反顾的支持。这是一条充满考验和淘汰的道路，如果你选择了退却，选择像大多数人那样变得庸碌和喧嚣，就是在向浮躁的内心投降，也就彻底远离了“优秀”；只有主动选择与孤独为伴的人，才能在未来变得更加优秀。

请记住，任何伟大的创造力都是在必要的孤独心境中产生的。你不甘于寂寞，只能说明你还没有下定决心。当你真正清楚自己想要什么、为了什么而奋斗时，由此承受的所有的痛苦都会变成一道又一道检验你的意志力的关卡——你将不再退缩，并且充满向前的勇气。每冲过一关，你都会感受到无与伦比的快乐。这时，你又怎会讨厌孤独？

◎ 暂时远离喧嚣，问自己到底想要什么

上海的李小姐终于要结婚了，在家人和朋友的强烈催促下，她决定步入婚姻的殿堂。自从在亲朋好友中公布了这条喜讯，她每天都能收到各种“关怀”的咨询：

“你得赶紧去拍婚纱照呀！”

“婚礼准备在哪儿办？西式的还是中式的？”

“挑婚纱了吗？”

“酒店订好了吗？”

“你要请多少人？请柬设计好了吗？”

其实，李小姐还没有想那么多，距离婚期尚有四五个月，这些事情并不着急。她在不堪“被催婚”烦扰的情况下才下定决心一结了之，本想着公布婚讯就能脱离家人和朋友的穷追猛打，没想到日子却过得更加苦恼。

“没有人问过我快不快乐，相反都在给我增加压力，就像过问必须完成的功课一样，你别想偷懒，否则他们会用诸多理由说服你、恐吓你、威胁你，直到你举手投降，交上作业。”李小姐无奈地说。

李小姐的男朋友是通过一次相亲认识的，父母急切地想看到女儿出嫁，隔三岔五就给她介绍男朋友。由于一直不成功，父母沉不住气了，千里迢迢从老家赶到上海来盯着李小姐找对象。

“他们发动了七大姑八大姨来做我的思想工作，每个人说的话都差不多，比如‘女孩子年纪大了就只能等着别人挑了’‘女人最重要的是家庭，不是事业’‘结婚晚了生孩子很危险的’……好像我是销售不出去的打折品，如果有一个好主顾看上我，就得谢天谢地了。后来我实在是受够了，心累了，又相了一次亲之后，决定了现在的男朋友。父母欣慰得不得了，生怕我变了卦，一个月之后就挑好了结婚日子。”李小姐一脸的苦涩，似乎在讲述别人的故事，她身边的很多朋友都有相同的经历，禁不住家人日复一日地念叨，干脆趁早投降解脱。”

李小姐说：“在朋友圈中，我算是结婚比较晚的，父母看到别人家都抱上孙子了，他们也很着急，这我能够理解。但我不赞成他们那种看起来慎重、实则非常草率的态度，他们只关注两个人的家庭背景、收入学历、相貌年龄是否匹配，却对于深层次的性格、脾气等是否相投表示出了模棱两可的态度。他们总会告诉你：‘两个人在一起时间久了，脾气就磨合好了，哪有一辈子不吵架的人，我和你爸就是这么过来的。’你看，你根本没法反驳他们。

“最可怕的是，曾经是同一战线上的朋友，婚后突然也转变了战壕，他们会用和父母一模一样的态度说服你，完全不给我独自决定的空间，也不管我内心是怎么想的。当我反问他们：‘你婚后过得快乐吗？’他们则会绕着弯子避开这个话题，然后用一种‘和谁过都是一样的’‘反正婚姻就是坟墓’‘结婚就是两个人搭伙过日子’的逻辑来给你洗脑，为的就是让你和变得他们一样。没有人关心你心里到底是怎么想的，他们的思想是：什么样的年纪就该干什么样的事，我到了这个年纪就该结婚，不结婚就是“犯罪”。以至于到后来，亲人圈和朋友圈对我一片声讨，我都差点放弃自己了。”

李小姐在公布婚讯后一个月辞了职，她从旅游俱乐部找了一支队伍，决定背上行李去西藏远游。不为别的，她只想逃离现在的环境，找一个没有朋友、没有家人的地方彻底清静一下，享受一段独处的时光，真正地一个人思考自己想要什么、未来的路到底要怎么走等重大问题。

像李小姐这样的情况，人们在生活中会遇到很多。在遇到困扰时，我们本能地选择从朋友那里寻求建议，以为得到了朋友的支持和认同，自己就不会显得太过孤独。但大环境使然，能够真正跳出那些狭小格局的人很少。你千挑万选的救兵，很有可能已经被世俗的力量说服，他们最终给不了你需要的东西，还会让你对自己内心的想法产生怀疑。他们的声音和意志会把你与内心的自我隔离开来，让你无法倾听自己内心的想法。

此时你当然会感到很孤独，没有人听得到你内心的声音，或者说他们听到了也不以为意，也不会给予尊重。你只能一个人走，一个人支撑，一个人来对抗一切。当然了，你也可以选择缴械投降，只要变得和大家一样，成为他们那个阵线上的人，人们就不会再对你施加压力，而是将你视为志同道合的“同志”。

但行为上的妥协真的能带来内心的解脱吗？“上了贼船下不来”的顺服真能让人变得逆来顺受吗？如果真是这样的，为什么有那么多灵魂不自由的人，即便拥有无数的朋友，却仍然每日向他人诉说自己的孤独和不幸？

人活着最重要的是知道自己想要什么——内心中完全真实的声音。如果习惯了依靠他人和社会的价值观去生活，就很容易失去方向，并且难以获得真正的幸福。还有的人本来拥有不错的生活，但他们喜欢仰望别人，意志受到自己熟人圈的左右。他们看到别人的生活充满了各式各样的精彩，就开始自我郁闷，处处挑剔自己生活的不幸，最终屈从于环境的压力来改变自己。

我有一个大学同学，她毕业后选择和想要在大城市拼搏扎根的男朋友分手，回到家乡的小城镇找了一个公务员结了婚。她现在开了一家茶店，有一个三岁的儿子，守着父母，生活踏实和安逸。这正是她当年义无反顾地要回到家乡发展的初衷——追寻一份安定祥和的生活。然而，这种正确的选择并没有让她满足，她的思想逐渐发生转变，受朋友的影响，她开始厌烦现在的宛如死水一般的生活了。

“我真羡慕朋友们的生活，每天都那么精彩，看到他们分享的旅游照片、聚会照片甚至是心情记录，我都感觉自己活在尘埃里。有时候，我也好想来一次说走就走的旅行，但是我好像又不能，我要看着茶店，还要照顾孩子、孝顺父母，老公要上班……就算要旅行，也根本没有多少时间，有时候我感觉自己真的挺孤独，就像是白活了一场。”在邮件中，她对我抱怨。

想一下，这是多少人的真实写照？他们一边渴望安逸，一边却又羡慕别人生活的精彩纷呈。每个人都有多多少少的攀比心理，特别是喜欢跟自己的朋友对照。如果朋友普遍过得不如自己，或者和自己差不多，他会觉得心安理得甚至扬扬得意；一旦朋友都比自己过得好，他的心里就会产生巨大的落差，有的是羡慕，有的是嫉妒，有的是自我贬低。就像我的这位大学同学，其实她自己过得已经非常幸福了，选择了一条正确的道路，但受朋友的影响，她内心的原则发生了动摇。

我回复她说："你只看到了他们生活中精彩的一面，但这些人精彩的背后承受了多少压力你知道吗？他们在大城市生活，享受着大城市的条件，也承受着在大城市生存的辛苦：高额的生活成本、拥挤的人群、过度的竞争、被污染的空气、复杂的人际关系……小城市的生活虽然单调枯燥，却也有大城市不能相比的优势：生活成本低、人少、竞争压力小、空气好、人际关系简单，还有父母和其他亲人在身边，生病了也不用担心没人照顾。大城市确实有更多的高楼大厦，也有更多的风景，如果给你一次机会重新选择，你愿意为了那些浮华的东西放弃现在得到的这些平静吗？"

这位朋友最后的回答是否定的，她想通了。其实，让她从头再选一千次一万次，她还是会选择平静和安逸，因为"逃离竞争和压力"是她内心最本能的渴望，只不过这种念头藏在她的内心中，无法轻易地听到。至于她所说的"孤独感"，其实是由精神和物质上的不满足引起的心理落差——她不甘心现实，却又无法做出改变，在面对未来的生活时，忽然感觉自己彻底迷失了。

每个人在生活中都会有这样的时刻，他们长时间与他人一起生活，比如家人、朋友，没有足够的独处时间，也很少经历一个人面对问题的时刻，未经过独立思考的锻炼。一旦有人、事、物触动到了他，内心对于生活的失落、未来的迷茫以及他心灵的孤寂就会突然涌上心头，并且逐渐地被放大。他会突然惊恐地发现，自己也许处于一种木偶的状态。这很正常，“寻找和体味孤独”是一个人必须经历的过程。当你开始思考独处的人生意义的时候，恰恰说明你的自我意识觉醒了，来自心灵深处的呼喊正要求你沉思和升华自己的人生，而不是在虚幻的社交泡沫中迷失自我。

有的人逃避这种体验，一旦感觉孤独，他们就会有意地寻求物质、精神的刺激和喧嚣来遮掩自己的失落感。最常见的便是约上三五个好友，去 KTV 大声唱歌，喝得酩酊大醉，回家闷头睡一觉，醒来以后就当一切都没有发生过。

这是一种没有意义的麻醉行为，放纵并不能阻止心灵的痛苦，这也并不是解决孤独感的好办法。一觉醒来后，心中的压力看似释放了，但对于生活的不满反而积压得更加多了。

从尝试独处，到享受独处

孤独是可耻的吗？只因为别人都是三五成群，自己却刻意隐藏？在一群人中假装快乐，那其实才是最大的孤独。与其用敷衍的态度在没有意义的社交中浪费时间，不如在独处中选择收获一份清静——后者对我们的人生更有意义。在独处时你能更有效地思考，能倾听到内心真实的声音，能和自己的灵魂进行长时间的深度交流，能认清自己的真实面目，从而收敛心神，富有自知之明地看待这个世界。

因此有人说，一个人孤独得久了就会上瘾，正是因为孤独能够让人看穿很多事情，他会发现以前自己特别在意的其实根本就不重要，那些自己费尽心思悉心维护的社交关系、朋友和其他的联络人，都只是过眼云烟。没有什么比找到自我更重要。

学会独处的人，他们会从一开始的尝试独处，渐渐地变成享受独处，这对一个人来说是最快乐的时光，因为他能不受干扰地做自己想做的事情，尽情地发挥他的创造力和想象力，他的内心世界也因此变得丰富多彩。换句话说，我们只有在独处时才能感觉到自己的存在，才能回答“我是谁”，并且感觉到真实的自由和丰富。虽然有些人恰好相反——独处会让他们感觉特别空虚，他们已经无法适应一个人的世界了。

独处不是孤僻，而是心无旁骛地倾听内心

我需要特别指出的是，孤独和孤僻是有本质区别的。一个人选择孤独，是因为他的性情，他对生活的选择，是提升社交质量后的必然选择。这样的人并不缺乏交际的能力，他只是不喜欢吵闹，不愿交太多的朋友，他喜欢安静和独处；那些孤僻的人则是因为不合群，他们与人交往的能力比较差，性格封闭或者有些自卑，他们害怕受到别人的伤害，因此一个人躲藏起来。

从精神层次上来说，选择与孤独为伍的人通常内心都比较强大，他不需要委身于他人来证明自己。很多成就大事的人都是善于独处的，和别人保持足够的物理和心理的距离，独处让他们思考畅通，心无旁骛，思想的创造力因此而增强；孤僻的人多少则是因为性格存在问题，对社会的适应能力较弱，无法与他人和谐相处，所以刻意与一切事物保持距离，这是一种自卫的病态心理表现。

在今天这样一个快节奏、浮躁的环境中，我们学会独处和独立思考非常必要。在生活中，我们与各式各样的陌生人交流、沟通，最后也许很快就成为朋友，但你能保证自己真的了解他们吗？独处就要学会拒绝，当人们邀请你加入他们去做一件你并不清楚、并不喜欢的事情时，你思考过自己应该做出怎样的选择吗？

经常有人对我说："高老师，碍于面子，我不好意思拒绝别人。"这成了他们无法独处、不能拥有独立人格的理由。因此，大批心灵孤独者的周末、假期就被各种应酬占据了，他们自己身心疲惫，却又深陷其中，无法自拔。有时候，这些人不是不好意思拒绝，而是潜意识中不想拒绝，因为一旦独处在家，想到朋友们都在吃喝玩乐，唯独缺少他一个人，他内心的孤独就会如落潮的孤岛一样，自我感觉十分"凄惨"。

我发现，擅长独处的人都是主动选择孤独的，他们热爱孤独，喜欢孑然独立，因此主动地拒绝一切不必要的应酬。他们视自己的时间为珍宝，并对之善加利用。在一个人独处时，他们可以很好地倾听自己的真实需求，实现与内心的对话。这和很多人在一个人时不知道该干什么有着截然的区别——独处不是发呆，也不是无所事事，而是要充分地利用宝贵的时间来充实自己。

做你自己想做的事，思考他人看不到的问题，这正是我在本书中一直强调的：减少不必要的社交，创造独处的时间。在独处时，对这个世界要有所思悟、有所行动。否则，我们的孤独就失去了意义。

◎ 利用独处的机会掌握一些必要技能

人类虽然生来便是群居动物，但在群体生活中我们也逐渐明白了一个道理：除了自己，谁都无法依靠。因此独处的意义还在于：我们能利用这样的机会让自己掌握一些必要的技能，以远离过度社交产生的风险、烦恼或者不便。我们要利用一切时间丰富和完善自己对于这个世界的认识。

群体生活和社交在帮助我们安身立命的同时，却并不能在精神层面带来足够的收获。我们身处于群体之中，势必要懂得迁就和妥协；群体聚集在一起的人越多，我们需要迁就的就越多。因此，我们会发现朋友越多的人，他内心的不适感其实就越强烈。

这是人们面对社交时必须做出的牺牲。对一个习惯了独处的人来说，他的个性特立独行，对于这种世俗、势利和投机式的牺牲是非常抵触的。在进行社交活动时，他们不得不放下自己的尊严，刻意地取悦和讨好他人，迎合别人的平庸。如果他们谈及那些高级和富有深度的话题——比如晚上会读什么书，则会迅速地被一些群体抛弃甚至憎恶——平庸和势利之辈不喜欢这样的话题，他们迷恋的是手机、聚会和讨论财富500强的排名，这会显得他们“融入了世界”。因此，在与群体相处时，那些能够享受孤独的人就不得不放弃内在的真实的自我，用人格的妥协来换取他人的好感。

在研究大众的社交心理时，塞勒尔说：“一个人在社会中的身份、地位、本领、位置越高，他就越孤独。与之相对的，一个人内在的价值越高，他对社交就越厌烦，因为他本身拥有的很多，别人能给予他的少之又少，那些无效的社交对他们来说可能是一桩赔本买卖。而平庸的人大多喜欢社交，因为他们的内在不充实，自身拥有的价值少，他们只能通过与别人的交往来弥补这些欠缺，从那些比自己优秀的人手中换取资源。因此，历史上很多厉害的人物都喜欢隐退山林，或者躲到一个低调的地方。就拿现在来说，巴菲特常年待在家乡小镇而不是出没于华尔街，就是基于这种选择，独处让他保持清醒。他们也不需要牺牲自由来换取他人的价值，反而更希望减少与别人的接触来赢得更多的自由。”

人们迫切希望加入更多社交的缘由很容易理解——在孤独中无法忍受那些不堪入目的真实的自己，他们不敢与镜中空虚的“自我”对视。这会让人产生一种自我厌烦的情绪，而虚华的社交则能遮掩这一切，所以很多人喜欢结伴出游和聚会。为了持续这种精神刺激，很多人不知疲倦地奔波于各大无聊的场合和聚会，就像离心机一样，一旦停下来，他们的精神就会沉沦下去，一个人的浑噩和空虚感瞬间会淹没自己的心灵。

内心空虚的人有一个共同的特点，他们的心灵缺乏弹性，离开他人之后就像失去了生命的活力，思维根本活跃不起来。但由于自身条件的限制，他们交往的朋友质量又有所欠缺，为了弥补这个问题，很多人会通过增加社交的数量来进行平衡和代偿。所谓的“三个臭皮匠赛过诸葛亮”这句话，某种程度上讲的就是这个道理。但是，一个内心足够丰富、自身价值足够高的人，他对过多的朋友数量是敬而远之的——他们通常只需要几个和自己相当的大脑，仅有屈指可数的三两个朋友的生活更能让他满意。

古罗马哲学家马库斯·图留斯·西塞罗说：“一个完全依靠自己、一切称得上属于他的东西都存在于他的自身的人，是不可能不幸福的。”

年轻人要想在未来追寻幸福和社交的终极奥义，就要从承受孤独开始！相信我，这是走向你的人生成熟和独立的第一课，也是让内心的快乐源源不断的源泉。你只有依靠自己，才能体会到万千事物中蕴含的真正智慧，才能看清你自身的才智，也只有能够适应一个人独处的人，才不会像他人那样在不断的自我提升中变得脆弱和孤独。

钱伯斯说：“越来越多的调查都表明，一个人过度热衷于社交并不是一件好事，甚至充满了不可预测的危险性，我们生活中大部分的痛苦都是由无效社交产生的，这大大地破坏了你内心的平静，剥夺掉了你在独处中提升自我、丰富心灵的时间，令你在将来的某一天突然开始讨厌自己。每个人都要学会节制社交，越是尽早地适应独处，爱上独处，然后控制社交的力度，就越能收获幸福的人生。”

但是拒绝过度社交和选择独处并不简单，它不是可以一蹴而就的目标。有的人也喜欢独处，把自己关起来，与朋友隔离，但理由却是对他人的厌恶——他是被迫选择孤独的生活。这种独处是很难持续的，也并不健康，因为他的眼见之处都是晦暗和不堪。时间久了，独处会变成不合群，而不合群导致他正常的社交都会变得很困难，这是一个无休无止的恶性循环，直至他变成一个孤僻的人。

我的建议是：享受50%的独处，学会50%的社交。放到实际的生活中，就是要学会控制孤独和社交的时间。学会保存秘密，自己的想法不要轻易地告诉他人；学会淡然地面对一切，并且不要把他人的任何承诺放在心上；学会对世界的变化无动于衷，不要对朋友期待太多，也不要太在乎朋友的背叛，控制好自己的情绪。慢慢地，经过这种根本性的自我提升，我们的胸怀会变得宽广，对待人、事、物的态度便超然了很多。

通俗地说，我们要与世界、与朋友保持一定的联系，同时也要避免发生过于紧密的关系，这样才能保护自己不受那些无谓的伤害。

钱伯斯在总结社交的距离时，打了一个非常形象的比喻，他说："我们的社交关系就像寒夜里的一堆篝火，聪明的人在取暖时会与火堆保持安全的距离，而傻瓜则通常靠得太近。因此，你经常看到有人在被灼伤后才变成了喜欢独处的人，他们不是真的热爱独处，只是害怕火会灼伤他们而已。"这表明，大多数人谈论的孤独与独处并不是本书主张的，一切需要"被动"和"因为恐惧"才去做的事情，都不在我们强调的范畴之内。

除了独处，你还需要"爱"

独处是为了让我们能够提升自己的内在，变得比过去更加优秀。除此之外，我们还需要理解并拥有丰富的"爱"来抚慰情感和心灵的缺失，这是由任何人都无法逃避的"依恋理论"决定的。在独处中，我们要丰富“爱”的情绪。

发展心理学家亨利·哈罗曾经做了一个非常有名的“恒河猴实验”，证明人除了基本的饥饿、干渴等生理需要外，还有一种与柔软物接触的需要。

实验中，他们将八只幼猴分成两组，由两只人工制作的代理母猴喂养。其中一只母猴是用光滑的木头做的，并用柔软的海绵和毛织品把木头裹起来，再在木头母猴的胸前挂上一只奶瓶，还在木头母猴的体内安装了一个供暖的灯泡。另一只母猴是由铁丝网制成，外形上与木头母猴基本相同，胸前同时也安装了能喂奶的乳房，也能提供温暖的热量。这两种人工制作的母猴其实没什么区别，只是触感不太一样。

实验者把这两种人造母猴分别放在单独的房间里，这些房间与幼猴的笼子相通。

起初，所有的幼猴与两只人工母猴都有接触，但是经过最初几天的调适后，尽管两只母猴都提供奶，但是所有的幼猴几乎整天与毛茸茸的木制母猴待在一起，甚至是那些由铁丝母猴喂养的幼猴，它们为了吃奶才迫不得已离开木制母猴，吃完后便迅速返回到绒毛母猴这里。

当一只发条玩具熊在旁边“咚咚”地打鼓时，害怕的小猴会选择紧紧抱住绒毛母猴以寻求安慰和保护，而不是铁丝母猴。随着幼猴年龄的增长，这种反应变得更加强烈。无论是哪一只母猴喂养的幼猴，其反应没有差异：它们害怕时，都会到绒毛母猴那里寻求安全感。

还有一次，哈罗把幼猴放到一个陌生的环境，里面放了积木等一些新玩具。如果有绒毛母猴在场，小猴子们会把“她”当作安全的来源，会喜欢出去探索和摆弄各种玩具，然后时不时回到母猴的怀里，接着又继续出去玩。然而，如果只有铁丝母猴在场，它们就会对陌生环境充满了恐惧，它们哭叫，缩成一团，焦虑不安，根本不会去玩玩具，探索外面的世界。

除此之外，哈罗还发现，铁丝母猴喂养的小猴对牛奶消化不良且经常腹泻。这说明，缺少母猴的接触安慰使幼猴产生心理上的紧张。

人类对于情感安慰的需求与这些幼猴是一致的。甚至可以说，人类对于安慰感的需求更大，而这也正是人与人之间交往的一个重要因素——因为爱，我们互相产生了关联。

人们需要独处，但也需要爱，这是我们与外界产生情感联系的一条纽带。没有人可以不需要任何人的爱而幸福地活着。有了爱，我们才能感受到精神力量的支持，才会产生一种源自心灵深处的幸福感。

汤姆·奥克斯曼博士曾经做过一项研究，他证明爱的力量不仅能让人获得强大的精神支持，还与我们的健康有着极大的关系。他的实验对象为一群做过心脏病手术的病人。在6个月的恢复的过程中，奥克斯曼博士发现：

那些恢复较好、能够存活下来的人，通常都与他人有着规律的、有意义的爱的连接，并且他们相信，自己可以从某些宗教信仰中获得积极的力量。在这类人群中，术后的死亡率仅为3%。与之相反的，是那些孤僻的、少有人探望且不相信宗教信仰可以带来力量的人。他们的恢复过程非常慢，而且术后死亡率达到了21%。由此可见，爱的关联对人的身体支持与精神支持同样重大。

我在课堂上曾经问过一个问题："如果让你在健康的人际关系和健康的食物中间做出选择，二者只能选其一，你会怎么选？"大多数人的选择是：他们宁可跟两个好朋友去吃地摊食物，也不要一个人待着吃新鲜蔬菜、豆制品和无公害水果。

这是因为，一个人的生活只能做到健康和独立，而爱的给予却让我们变得强大。可以想一下，当你遇到挫折时，一个人躲在墙脚默默地流泪和听取亲人、好友的安慰，哪一个能够让你产生应对困难的力量？

很显然，独处对我们来说只能是一种自我提升的途径，而不是人生的追求。独处是为了认清自我，并且体会到爱的可贵，然后制定更有效的社交战略，结交真正的朋友。一个人的大餐可能吃着吃着就会令你倍感凄凉，而朋友和家人爱的支持却能给你无穷大的自信，让我们不害怕挫折，并且敢于担当。即使最后失败了，你也不用担心自己一无所有，因为你的背后有亲人和朋友的身影。可以说，正是"爱"的力量为我们解除了人生的后顾之忧。我们学会和适应一个人独处的时候，要利用这段宝贵的时间去体验、回味和释放"爱"的力量。

从“一个人的消遣”中获得生活的幸福感

在人际关系课题的相关研究过程中，经常有人问我：“你一个人待着的时候都做些什么？你会合理地利用每一分钟充实自己吗？”

我想，之所以提出这个问题，是因为人们把“时间”看得太紧张了。为什么一定要开发每一分钟？为什么不能在某段时间内什么都不做？我在工作之余并不像“时间狂人”那样，把每一分钟的规划都列进自己的计划列表严格地执行。相反地，我会有意地做一些无用的事情来消遣：比如阅读小说、浇花、静思、打坐、午休、散步、看电影……时间一旦被严格地划分，就会带上非常浓重的功利色彩。生活毕竟是要有一点乐趣的，你如果总是绷着神经，怎么能感觉快乐？

其实，最能提升我们幸福感的，恰恰是那些看上去没有回报和没有意义的事情，你可以回想一下自己的生活，那些能让你感觉到温暖的，是不是常常都是一些看似不起眼的小事？比如社区保安的一声问好、快递员的一个微笑、地铁上的一次让座、旅途中的一句“举手之劳”……

人们做这些事情没有任何目的，也不图任何的回报，却让我们感觉快乐，从内心深处生发出善良、友好和幸福的感觉。因此，不要总是马不停蹄地狂奔和奋斗，要让自己的生活中增加一些兴趣和爱好，学会偷一偷懒，经常做一点没有实际意义的事情，你的生活会更加有趣。

正如你学画画不一定是为了成为一名画家，学习摄影也不是为了成为一名专业摄影师，在社交平台写下自己的感想也不是为了成为一名作家——这些仅仅是因为自己喜欢，这么做让自己感觉到快乐，特别是自由支配时间、享受生活的快乐。当然了，如果你能够在这些领域学有所成的话，这种兴趣的发展还会令你品尝到成就感的喜悦。

我在洛杉矶有一位喜欢画画的朋友，他几乎将所有独处的时间都用来画画。在解释自己学画画的动机时，他说："学了画画之后，你每次欣赏一幅画作的时候都会产生不同的看法和体验。怎么说？你内心中每次体会到的都不一样，你会看到这幅画的色彩、构图、虚实关系，甚至是画作里蕴藏的心情和故事，它们和昨天、前天时都有区别，这就是生活。"通过这种爱好，他提升了自己对生活的认识。

在独处中定位与自己和他人的关系

本书中主张的"学会独处"，强调的是我们与自己的关系；在孤独中去体会"爱"，讲的是提升与他人的关系；在独处中一个人消遣，则是讲到了我们与生活的关系。一个人经常用某种消遣的方式来愉悦自己，他的身心反而会更健康。这非常符合古人讲到的"无为而治"，意思就是放下一些控制，同时放下一些"目的性"，遵循事物的自然趋势而有所作为。

比如，我们可以用打坐的方式制造独处的机会和时间，找一个安静而且不会有人打扰的地方，坐下后闭上眼睛，沉下心来，不要胡思乱想。在打坐的过程中，要集中精力反省自己最近做过的事情、犯下的错误，然后思考自己的现状有什么不足。切记，不能空想或者应付，要用一种想清楚便付诸行动的坚定心态。

在这种安静、庄重的独处中，重新定位与自己、与他人的关系，调整自己对于世界的看法，修正内心的思考方式。长时间坚持下来，一个人就能做到“独处、爱和消遣”。那么，他的生活一定是顺着自己的生命节奏，与生活本身共舞，他将会在喧嚣的世界中找到自己的一席之地，绽放出绚烂的“自丰富”和“自精彩”。